Arthur 魏江雷

体育产业变局者

从马拉松健康理念倡导者到体育赛事运作者

对魏江雷而言，跑步早已经成为一种生活方式。他从 2000 年开始接触跑步，在跑了 12 年后开启了人生的首次全程马拉松。如今，他已完成 140 多个半程马拉松、29 个全程马拉松，全程马拉松最好成绩是 4 时 16 分。不过，他并不追求速度，更看重的是坚持背后的平衡之道。

2016 年，他和新华社高级记者汪涌成立了首都媒体跑团，主要目的是希望找到喜欢跑步的媒体人，能一起用自己的力量以及自己的资源去推广跑步运动与跑步文化。在他们的努力下，跑步的人越来越多，跑步也成为更多人的生活方式。

这一年，魏江雷获评"中国马拉松年度人物""中国十大跑步人物"。2017 年，他的著作《跑步时，我拥有整个世界》由湛庐策划，浙江人民出版社出版。在他用脚步丈量世界的同时，也将专业的跑步知识传递给了更多人。

作为跑圈的资深"老马"，魏江雷见证了中国爱好跑步的人越来越多，跑步产业也随之从无到有的过程。早在 2012 年，魏江雷就曾负责运营联想集团的跑步营销项目。进入新浪体育后，他的身份反转成为体育赛事运作者。

在魏江雷的带领下，新浪体育成立了专门的跑步频道，从赛事到跑团再到跑团盛典，新浪体育打通了一条与众不同的跑步产业链。

大胆跨界开创新格局 打造超级自主 IP 赛事 实现弯道超车

魏江雷拥有美国加州圣塔克拉拉大学列维商学院工商管理硕士学位。在跨界体育领域之前，他有着在多家全球化公司任职的经历，曾带领多个国际化团队解决复杂的经营挑战，在IT市场营销、销售和品牌战略管理等方面拥有丰富经验。

1996年，他加入惠普，曾任中国惠普公司品牌市场部总监兼华北区总经理、惠普全球解决方案产品和咨询服务部全球销售部经理、集成产品事业部中国区总经理等职。2007年加入联想集团后，他曾担任大中华区战略与运营副总裁，负责协调战略的制定、执行和运营管理体系的建立和完善；也曾主管联想集团中国区的市场、品牌和产品的整合行销与推广工作，同时兼任联想集团4个全球业务集团之一的云服务集团的首席市场官。

魏江雷是业界为数不多的具备中国和国际市场销售、运营管理和产品事业部经营背景和经验的高管。

2015年1月，魏江雷加盟新浪网任高级副总裁兼任新浪移动事业部总经理，同年4月接管新浪体育事业部任体育事业部总经理。自此，他成为新浪体育从媒体向产业化转型的领军人物。

懂商业的人未必懂体育，懂体育的人可能不擅长经营。魏江雷却是难得的既懂经营的体育人和又懂体育的商业人。

当各家体育巨头把重金砸向IP市场、为购买赛事版权而一掷千金时，魏江雷则率领新浪体育尝试着走一条赛事运营、打造自有IP赛事的道路。

2015年，新浪体育在魏江雷的带领下，于坚持体育门户网站内容建设的同时，投资自有IP赛事3×3黄金联赛。黄金联赛办赛第二年即获得国际篮球联合会（FIBA）认证，成为中国最炙手可热的业余篮球赛事。随后，新浪体育还打造了包括5x5足金联赛、"新浪杯"亚洲青少年冰球联赛、新浪跑步评选＆跑团盛典、网络健美大赛等在内的一系列自主IP赛事和活动，开创了体育门户网站运营赛事并盈利的先河。

与最聪明的人共同进化

HERE COMES EVERYBODY

不仅如此，在魏江雷的推动下，新浪体育与国内外体育官方机构和明星建立了广泛深度合作，引进了英超、欧冠、欧洲杯、中甲等多项国内外顶级赛事媒体版权，与曼联电视台、IMG学院进行战略合作，签约欧文、阿扎尔、舒梅切尔、安切洛蒂等国际巨星并进行深度报道和节目录制。

"于危机中育新机，于变局中开新局"。在进入体育圈后，魏江雷为新浪体育探索了新的品牌传播途径与新的商业合作模式，带领新浪体育从体育媒体向体育产业公司成功转型，也为大变局下的体育产业带来了新的思路和解决方案。

作者演讲洽谈，请联系
BD@cheerspublishing.com

更多相关资讯，请关注

湛庐文化微信订阅号

湛庐 CHEERS 特别制作

赛事金矿

魏江雷 著

浙江教育出版社·杭州

自己的人生要自己选择
谨以此书献给我在惠普公司的两位导师：
费利西亚·蔡，格雷厄姆·瓦伦丁

Nobody owes you a living
To my mentors at Hewlett-Packard
Felicia Choy
Graham Valentine

各方推荐

人们所说的"体育市场"是欧美传统意义上的市场体制产物，而体育产业在中国并不具备主要的市场基础，也没有现成、有用的教科书可参考，所以很难成功。IT和互联网则是中国最为市场化的两个行业，在过去的三十年里非常成功。魏江雷在七八年前跃入体育行业，这位市场化行业里的佼佼者，试着用他成功的经验探索中国体育市场。这本书就是他的个人总结，有成功的经验，有教训的反思，也有建议。涉足体育市场的人都应该读一读，会很受启发。

马国力
原中央电视台体育中心主任

精彩赛事，是体育迷的节日，也是城市的盛宴。这本书通过赛事实战案例，结合独特的商业视角，做出深入浅出的分析与总结，对赛事产业金矿的价值进行挖掘。赛事对运营和运作的综合专业能力要求很高，产业链条很长且涉及面广，参与的人员众多而诉求迥异，因此，本书是体育赛事从业者和爱好者难得的寻宝手册。

高　宏
体育之窗创始人、首席执行官

"欲戴王冠，必承其重。"赛事是体育产业的皇冠，在中国尚未完善的体育赛事环境下运营赛事且盈利，更是一门值得探索的精深学问。

从2008年北京奥运会到2022年北京冬奥会，中国赛事不断成长和发展，作为体育行业深度参与者，我见证了太多赛事的"起"与"立"，也有很多赛事的惨痛夭折，或者依然依靠行政补贴艰难生存。黄金联赛对中国自有赛事IP来说是一种"破"。魏江雷先生是如何带领这一赛事从0到1再到IP炼成，值得每个体育人好好思考和借鉴。从他的书里我不仅看到了中国赛事发展的生机与希望，还看到了很多体育产业经营者需要直面的矛盾、问题和最终得以解决的路径，因此，我想向大家特别郑重地推荐魏江雷先生这本赛事实操读本。这不仅有助于产业经营者更深刻地理解体育产业市场的"慢"，同时还能找到体育产业发展节奏的"快"。我想体育产业需要这样真实又有力量、有体系的总结和提炼。

道固远，笃行可至；事虽巨，坚为必成。魏江雷先生从"门外汉"到黄金联赛"操盘手"的实践历程，再次告诉我们，中国体育还大有可为，持之以恒，中国赛事必将挖掘更多金矿！

安福秀
体银商学院院长，体银智库创始人

推荐序

那些日子值得被记住

张斌
中央电视台体育频道主持人

记忆往往靠不住，比如，我现在根本不记得到底是哪一年认识了阿瑟（魏江雷英文名 Arthur 的汉语昵称）。但是，可以确认的是，初次见面时，我开口叫的一定是"魏总"。熟识过后，我跟着魏总身边的同事和好友，改叫他"阿瑟"，这场面活像普通话配音版的港片。至于这个名字的缘起，我至今不知，也许因为他人帅，衣品好，做事洒脱，才配得上这个在急难险重、枪林弹雨中熠熠生辉的名号。

我们这群业界好友常有欢聚。聚会时，年长些的会一口一个"江雷"地叫着，透着亲热。酒过三巡，担当酒司令的"江雷"摇身一变便是"阿瑟"，他招呼众人畅饮，俊朗的面孔闪耀着光晕，兴奋地为我这样的"酒盲"推荐他精心准备的种种佳酿，对着酒标讲解一番。菜过五味，氛围变得轻松又热烈。我们这些半百之人围坐在一起聊天，谈过几轮八卦之后，便开始无休止地怀旧。身处在如今这个充满坎坷的体育行业中，大家自然更愿意手拉手，忙不迭地回忆几年前，让那些辉煌日子里的人和事一一重现。回忆起过去，平日里寡言少语的人此时都能滔滔不绝，仿佛小型口述历史现场瞬间呈现，其间夹杂着感慨、赞叹、大笑和掌声，好不开心。可是每至高潮，长辈总会及时叫停，最后众人各回各家，各道珍重，相约再见。我知道那些日子就此封存在记忆中，若想再次打开，只待好友重聚了。

那些日子距离当下如此之近，就像电脑桌面上的文件夹，随时可以点击开来，无须负重追忆。记得在2015年体坛风云人物颁奖典礼开场词中，我提到了"国务院46号文件"[①]，并主观畅想一个非凡年代已经从天而降。从那时起，短短几年，每个体育行业中的人都在感受裂变发生，太多人的命运悄然发生转折，每天都有使人产生无限想象的变化发生。看苍茫大地，众人全力奔跑找寻风口，准备振翅高飞，最不缺的便是四处流淌的热钱，最坚定的便是要颠覆一切过往的桎梏，体育产业一度生机勃勃。

按书中所言，阿瑟便是在这一浪潮之初一脚迈进这一行业的，那个在跑道上一向潇洒的他，那时未曾想到，自此会在没有预设好的赛道上，一路跋涉。阿瑟系出商业名门，自带商业基因，他经历过商场打拼，多番磨砺，在这个体育的商业价值被拉至天际的时代里，最适合真实地搏击体育蓝海。再热闹的局面，最终都要归于真金白银的价值创造，估计阿瑟最初便是以此为使命。经典互联网企业制造的体育内容流量以及独特的平台存在，在新格局下价值几何呢？本书将给出答案。在一个热钱涌动的体育时代，新浪体育务实到了极致，无意更无力参与头部资源竞争，而是找寻一种新活法。

---

① 该文件指《国务院关于加快发展体育产业 促进体育消费的若干意见（国发［2014］46号）》。——编者注

推荐序　　那些日子值得被记住

此书初看，很像一本实用性超强的宝典，可以换个书名为《魏总（阿瑟）教你如何打造既好看又挣钱的赛事资产》，这算是直击了全行业的痛点了。这些年来，有太多的赛事从眼前匆匆而过，有太多机构和业界同人的心血注入其中，无论是高价引入，还是平台自创 IP，赛事供给一度有了繁盛的景象。无论是在广州白云山下，还是在无锡太湖之滨，我都能感受到社会力量对于各类型赛事的支持和推动，我妄下结论，广东和江苏是中国赛事保有量最高的两个省份。不过这纯粹是主观感受，缺乏必要的数据支撑，但我相信这个结论：越是经济和文化发达的区域，赛事保有量必然与之呈现正向匹配。

回看那几年，办赛辛苦之至，在这个行业中开天辟地的多位好友都曾陈述一番自有 IP 赛事成长历程之艰险。如此苦撑，即便热钱尚在，也与投资人期许差距过大。这些好友终日被焦虑所困，胖了身躯，白了头发。如今还在体育产业圈层中的那些探路者大多收缩了业务线，转战其他方向，静待行业红利慢慢浮现，为体育产业和国民运动生活创造生机。

虽历经艰险，但阿瑟身姿依然矫健，头发修剪精细，保持着罕见的年轻态，健身和奔跑依旧是日常功课。新冠肺炎疫情让很多事情难以顺遂，但时光变缓，总能做些心心念念之事。这本宝典该是阿瑟高贵心法之大成，字句并无光芒，但在我看来皆是辛苦，甚至透着心血。那些日子里，阿瑟也会单独邀我小坐，他喝酒，我吃菜，大多数时间我是个还算称职的倾听者。在最需要起承转合处，我恰当地给兴奋的讲述者一个新的气口，便可继续听到他在操作自己得意赛事中的种种不凡之处，那就是从一个胜利走向另一个胜利。我深知其中不易，那些闪光的点子需要周而复始的南北奔波才有可能落地生根。他曾与数千支球队沟通，每一站比赛的组织过程都是如履薄冰，所有的解脱、宣泄都要留到比赛结束之夜精心安排的庆功宴上，精心准备的酒一定是阿瑟对团队的倾心致谢。

我没有这样的职业经历,不能完全体悟作为操盘手的阿瑟的所有甘苦,但他勤勉、尽责和迸发的感染力,我还是能够时刻感知到的。一项赛事无中生有,一份资产变现生财,这都是最核心的竞争力。那些日子里,阿瑟曾为此劳顿,也曾为此欣喜大醉,有幸探出了自己的心力极限,有缘全然投入的身心感受至为珍贵。人活于世,并非时刻都是如此,但有过,便是人生之幸。

至此,我要纠正一个说法,此书不仅是工具书,更像是那些日子的细碎笔记,分享给众人,为那个膨胀纷繁又纵情闪光的时代留痕。

谢谢阿瑟!谢谢魏总!谢谢江雷!杯中酒干了吧。

自　序

体育赛事的背后蕴藏无限商机

2022年，是我国体育产业在过去10年中发展最困难的一年。新冠肺炎疫情反复，让体育活动暂时成了"奢侈品"。人们甚至有了这样的疑虑：2022年是否会成为体育产业在未来10年间发展最好的一年？

体育是门"慢"生意

1978年改革开放至今，我国各行各业都发生了翻天覆地的变化，而体育产业延续了1984年洛杉矶奥运会的成功策略——"举国体制"。今天体育产业的可喜变化，要感谢一代又一代的中国体育人，为体育产业的发展献计献策。2014年全国"两会"上，姚明的提案和众多体育专家的建议，促成了国务院46号文件的出台，为体育产业的蓬勃发展奠定了基础，指明了方向。

但随后资本热钱快速进入体育产业，非理性甚至疯狂的短期投入，让本来应该有序发展的体育产业迅速堕入怪圈——高价获取赛事视频版权，以追逐国际大赛视频的"用户"数量为核心，先投入成本吸引用户，遵照"羊毛出在猪身上，狗来买单"[①]的荒谬商业逻辑。从2015年初腾讯高价获取NBA独家数字媒体播放权，演变到后来乐视体育"不差钱的什么都要"。2015年，中超赛事视频版权达到了5年80亿元的天价。2016年，苏宁体育媒体以世纪天价获得英超视频版权，连暴风影音都要"拿出几个亿进军体育"。除国外赛事拥有者狂喜地收获大笔美元、欧元外，这些投资给中国体育带来了什么，又给中国体育产业贡献了什么？

2015年5月，刚加入新浪体育的我和新浪网联席总裁杜红一起去北京奥体中心拜访时任盈方体育传媒（中国）有限公司（以下简称"盈方中国"）总裁马国力，探讨合作获得中超联赛视频版权的可能性。马老师是体育领域的前辈，2008年北京奥运会前，国际奥委会把他从央视体育中心主任的位置上请过来，负责全部奥运赛事的转播工作。

面对刚刚失去NBA视频版权的不利局面，新浪体育太渴望，也太需要守住之前几百万元一年的中超赛事视频版权了。在和央视、五星体育、北京电视台体育频道、体奥动力公司等几家单位沟通后，我又找到了精于版权运作的盈方中国商谈。简短寒暄之后，马老师给出了对中超版权的估算价格，我当时惊掉了下巴。当中超版权5年80亿元和10年110亿元的价格都成为旧闻后，我和马老师说起当年投标的种种惊心动魄，不禁感慨马老师的经验和判断力。新浪体育，当时还真玩不起。

---

① "羊毛"指的是利润，"猪"指的是消费者，"狗"指的是企业第三方，诸如广告商、投资方一类。——编者注

体育作为一项产业，要符合产业发展逻辑。体育项目作为一门生意，就要有清晰、可盈利的业务模式。体育项目大多是"慢"生意，需要三到五年的经营才能逐渐形成规模，进入良性循环，产生利润。而体育赛事，无论竞技体育赛事还是大众体育赛事，发展逻辑都一样。NBA是全球最赚钱的赛事之一，到2022年已经走过76个赛季，而NBA的盈利还要从1984年大卫·斯特恩担任NBA总裁开始。从1946年NBA成立到1984年近40年的漫长时间里，NBA都在苦苦探寻盈利的模式和方法。体育行业里，到处都是"十年磨一剑"的例子。

体育市场有无穷的商业机会

在新浪体育这几年，我遇到过很多体育领域的成功人士。他们围绕"体育赛事"这个核心开展比赛、转播、门票、体育培训、体育场馆建设、场馆运营、运动员经纪、体育装备、衍生品、运动康复、体育赛事大数据……到处都有盈利机会。在体育培训领域，我也接触过不少成功品牌：中国规模最大的击剑培训机构——万国击剑无疑是佼佼者；优肯篮球以外教为教学特色，专门培养青少年篮球后备人才；空气湃是集运动、娱乐健身、原创运动游戏于一体的超大型室内运动综合体，正在向华南地区积极布局；北京的工人体育馆和五棵松HI-PARK篮球公园，并称中国商业体育场馆运营的翘楚；我奥篮球是中国最大的大众篮球运动数据平台；悦跑圈一直致力于线上运动推广，悦跑圈的线上马拉松早已风靡全国。

这几年在体育领域的历练，让我坚信体育市场有无穷的商业机会。新浪体育在篮球、足球和多个体育项目上走过很多弯路，交过高昂的学费，但正是这些代价，让新浪体育探索出一条适合自身发展的道路。我希望能把这其中的经验和教训与大家分享，希望这些感悟、领悟、顿悟能让有志于投身体育事业的人、还在体育产业打拼的同辈以及有意投资体育产业的伯乐们能少走弯路，早日收获体育产业的成果。

投身体育产业需要学习的心态和能力

2014年是中国互联网产业发展的"黄金年"。这一年的12月27日，我到新浪网报到，开始负责除了新闻、财经和体育之外的新浪网内容板块和新浪移动的业务。几个月后，伴随着体育行业的发展热潮，顶着"互联网+体育"光环的阿里体育应运而生，并积极寻求和新浪体育"联姻"。当时新浪网急需高管接手新浪体育，参与和阿里合作的投资调查等工作，并迎接当时新浪体育面对的各种挑战。喜欢跑步的我，成了不二人选。我从未接触过体育领域，而当时的新浪体育又是这个领域既成功又资深的媒体，面对这种情况，我一时竟无从下手。

2000年初，我离开中国惠普公司，到位于美国加利福尼亚州的惠普公司总部工作。2005年底，在美国工作近5年后，我回到中国惠普公司。在惠普公司总部咨询部门工作期间，我负责和全球电信合作伙伴的往来业务，贝尔实验室、微软、诺基亚、新加坡电信、西班牙电信等，都是我的合作伙伴和客户。与电信领域的客户合作了5年，我对该领域可谓轻车熟路，但当时中国惠普公司给我的职位是品牌总监和华北区总经理。品牌总监工作包括广告投放、公共关系、媒体关系、内部宣传和企业社会责任，和我之前的工作经验无关。不过，在美国圣塔克拉拉大学读MBA时我养成一个好习惯，碰到不懂的、不熟悉的领域，就买书看。有书看，就不怕。

书是一种很神奇的载体，你几乎能够找到任何你想了解的知识。各个领域的专家、学者、前辈、高手，穷尽一生的研究、经验和经历，集文字成书，而你只需花上几十元就能学到知识，洞悉玄机。于是，我跑到美国最大的连锁书店巴诺书店（Barnes & Noble）开始大采购，从《公关危机宝典》(The PR Crisis Bible)、《市场管理学》(Marketing Management)、《布道市场学》(Evangelist Marketing)等十几本书中疯狂地汲取营养，读书笔记写了两大本。

当我回到北京，在中国惠普公司上任时，上班第一天就是公关遭遇战。当时 IBM 公司在国家统计局中标 S390 主机的采购大单，就使用各种公关手段诋毁原本在国家统计局装机量很大的惠普小型机。依据《公关危机宝典》中的诸多进攻型公关成功案例，短短几天后，一向温和的中国惠普公司在我的坚决领导下猛烈回击了 IBM 公司，震惊了当时的 IT 界。在那以后的很长时间里，都没有"友商"再对中国惠普公司发动过公关攻势。

读书，虽然不能直接给我解决问题的方法，但能给我面对困难的勇气！然而 10 年后的我，面对正在被互联网重塑的一切，面对新浪体育的种种问题和挑战，几乎绝望，因为我找不到一本现代的有关体育经营的、实用的书。在当当网苦苦搜寻几天，我一无所获。我甚至找来北京体育大学的教材，但里面都是 20 世纪六七十年代的内容，更是让我一头雾水。于是，我找到即将离任的新浪体育前总经理阮伟求助，老阮给了我他写的《赛事：城市动态传播之灵魂》一书。书里多次提到城市和赛事的关系，以及赛事的商业价值。说实话，我当时没看懂商业价值这部分。尽管这本书没能解答我的全部疑问，但也给了我一些灵感。

现在我的书房里有很多关于体育经营的书，包括 2019 年出版的《极限挑战：一级方程式赛车的商业经验》（第 3 版），由清华大学王雪莉教授翻译；湛庐 2021 年引进的《勒布朗·詹姆斯的商业帝国》；2017 年 11 月出版的《英超风云》；2018 年 10 月出版的《当体育遇上商业》(When

XIII

Sport Meets Business）；2019 年 8 月出版的《勇士王朝》；只有《体育赛事运作管理流程》是 2010 年出版的。而 2015 年的我，面临无书可读的困境，几近绝望。

2019 年初，我写下本书的第 1 章，之后好久都没有再延续这个故事。当时我还在新浪体育工作，分享这样的感悟不合时宜。2019 年 10 月我离开新浪网，立志献身于中国顶级职业体育赛事的商业化建设。但两个月后，现实让我重新思考体育，面对选择。从 2020 年开始，我利用周末和假期陆续记下当年的点滴。每一次动笔，既是温暖，也是煎熬。我和新浪网长达两年的竞业协议，让这些回忆只能是回忆。我以前是个急性子，想做的事，必须马上去做。但是，30 多年的职业历练让我养成了一个好习惯：第一次想做一件大事，先想不动。如果一周后还想做这件事，就写下来，将情绪诉诸笔端和手机键盘。如果一个月后还想做这件事，就开始认真计划。

"赛事金矿"这个名字 2019 年就在我的手机上出现过。2022 年春节假期，可能是之前积聚的工作压力一放假就爆发了，我患了重感冒。我在床上躺了 8 天，错过了春晚，错过了冬奥会开幕式，但竟然在手机上写下几万字，把对体育的记挂、对黄金联赛的情感释放了。随着中国体育代表团在冬奥会赛场上以 9 块金牌的好成绩创造了历史，我的思绪也再次聚焦到手机中的 20 多篇文章上。

"天地转，光阴迫。一万年太久，只争朝夕。"看完冬奥会花样滑冰颁奖典礼，我终于拿起手机，拨通了我的一位跑友——湛庐总裁陈晓晖的语音电话……

你是否了解如何打造既精彩又挣钱的赛事资产？

- 黄金联赛之所以能够获得成功，完全源自新浪网媒体资源的鼎力支持吗？

  A. 是。

  B. 否。

- 黄金联赛早期选择在各地的大学进行，这是为了：

  A. 主办方认识学校的相关人员。

  B. 学生有假期。

  C. 找不到其他地方。

  D. 便于控制成本和管理。

- 以下哪项不属于赛事的商业价值？

  A. 线上传播价值。

  B. 促进全民运动。

  C. 线下展示价值。

  D. 传统媒体传播价值。

扫码鉴别正版图书
获取您的专属福利

扫码获取全部测试题及答案，
一起了解如何打造既精彩又
挣钱的赛事资产

扫描左侧二维码查看本书更多测试题

目　录

第一部分　直面体育困境

第 1 章　体育媒体格局发生巨变　　002
积重难返，不破不立　　002
跨界者能否带来新转机　　006

第 2 章　体育版权的豪赌　　009
巨头入场，体育版权遭遇哄抢　　009
流量失守，如何破解"无解"　　011

第 3 章　从体育媒体到体育公司　　015
自办赛事活动开局不利　　016
员工流失之痛　　018
体育赛事的未来在哪里　　020

第二部分　让体育赛事成为一门生意

第 4 章　品质是赛事商业价值的基础　026
　　S：安全的比赛硬件　027
　　F：公正的裁判　029
　　S：可管理的赛事报名系统和可供商业化的大数据　031
　　P：提供充分保障的赛事保险　032
　　P：高质量的赛事传播　032

第 5 章　如何打造赛事影响力　037
　　广覆盖，让赛事叫好又叫座　037
　　高频比赛，升级赛事影响力　039
　　如何创建自己的赛制　042

第 6 章　如何计算赛事商业价值　047
　　赛事线上传播价值　049
　　赛事线下展示价值　052
　　传统媒体传播价值　053
　　其他难以计算的赛事商业价值　055
　　赛事物超所值是商业赞助成功的核心　058

第 7 章　如何获取商业赞助　061
　　三板斧之一：一把手超级推销员　065
　　三板斧之二：洞察品牌的推广策略　068
　　三板斧之三：不断打磨一流产品　069

目录

第 8 章　控制成本，打造持续竞争力　073
　　如果你的赛事不是 NBA，就必须考虑办赛成本　073
　　赋能合作伙伴，让办赛成本非线性　076

第 9 章　"三化三道"，打响赛事品牌　084
　　"三化三道"，更前卫的传播策略　084
　　打好组合拳，打响赛事品牌　086
　　赛事宣传的捷径　090

第三部分　赛事周边的盈利机会

第 10 章　青少年篮球公开赛和篮球培训的商机　102
　　青少年篮球公开赛的新业务模式　102
　　篮球培训，"赛事—场地—培训—赛事"模式　106

第 11 章　完善场馆建设 + 运营，打造黄金主场　113
　　篮球场馆里的生意　113
　　关于场馆运营的思考　117

第 12 章　赛事周边的生意　124
　　服装衍生品　124
　　赛事门票　127
　　赛事转播权　128

第四部分　可复制的赛事模式

第 13 章　赛事选择要顺水行舟　　132
　　创新体制机制　　133
　　培育多元主体　　135
　　改善产业布局和结构　　137
　　促进融合发展　　141
　　丰富市场供给　　141
　　营造健身氛围　　142

第 14 章　赛事进校园，连接体育和教育　　144
　　校园办赛必须秉承公益性和非营利目的原则　　147
　　如何连接体育和教育　　148

第 15 章　五人制足球足金联赛的成功秘诀　　151
　　秘诀一：赛事选择要结合自身优势　　152
　　秘诀二：要和潜在赞助商交朋友　　154
　　秘诀三：把握机会也要敢于冒险　　155

第 16 章　高端小众赛事的举一反三　　158
　　"新浪杯"未来之星马术大赛　　158
　　"新浪杯"击剑比赛　　163
　　"新浪杯"青少年攀岩大赛　　165
　　"新浪杯"国际青少年冰球公开赛　　167
　　新浪智力运动会　　170

　　　　小众高端赛事的成功经验　　　　　　　　　　　173

第 17 章　**如何复制再造黄金联赛**　　　　　　　　**175**
　　　　黄金联赛天时之一：国家政策支持　　　　　　176
　　　　黄金联赛天时之二：项目选择　　　　　　　　178
　　　　黄金联赛天时之三：官方认可和上升通道　　　179
　　　　黄金联赛地利之一：媒体支持　　　　　　　　180
　　　　黄金联赛地利之二：赞助商　　　　　　　　　183
　　　　黄金联赛人和之一：赛事执行合作伙伴　　　　186
　　　　黄金联赛人和之二：体育领域的朋友　　　　　188
　　　　黄金联赛人和之三：新浪体育人　　　　　　　189

第五部分　职业化联赛运营思考

第 18 章　**亚洲三人制篮球职业联赛黄金联赛的**
　　　　职业化设想　　　　　　　　　　　　　　**194**
　　　　赛程赛制　　　　　　　　　　　　　　　　　198
　　　　费用和奖金　　　　　　　　　　　　　　　　199
　　　　赛事股权结构　　　　　　　　　　　　　　　199
　　　　商业赞助　　　　　　　　　　　　　　　　　201

第 19 章　**用大众赛事经验经营职业化联赛**　　　　**205**
　　　　大幅增加项目关注度和项目参与人口　　　　　207
　　　　赛事的商业开发策略：提升赞助商商业回报　　210

第 20 章	职业联赛的代理和赞助商体系	213
	代理体系建设	214
	赛季赞助体系	216
结 语	体育赛事的未来	219
附录 1	体育赛事商业化的十大黄金定理	225
附录 2	魏江雷的体育 + 商业书单	227
附录 3	黄金联赛大事记	229

5 4 3 2 1

第一部分

直面体育困境

第1章
体育媒体格局发生巨变

> 我所接受的教育,至少我从父辈继承的理念是,努力工作是生活中获得一切的关键。工作理念体现一个人的性格和生活方式。我曾经认定无休止的努力工作会带来成功,甚至乐此不疲地认为无休止的工作本身就是成功。
>
> ——摘编自《轻松主义》

积重难返,不破不立

2014年底,我离开服务了8年的联想集团,加盟新浪网,任新浪网高级副总裁。在入职之前,杜红将新浪网的各个频道,从科技、财经、娱乐、新闻到体育,给我介绍了公司各方面的情况。

说体育时,杜红特别提到2014年9月从中视体育请来的阮伟博士。之前,阮伟单枪匹马带领中视体育做到一年十几亿元的规模。听得出来,当时杜红对阮博士和新浪体育寄予厚望。为什么不呢?我早年读过新浪网的历史,知道新浪网就是 1998 年从四通利方的一个互联网体育聊天室开始的。体育是当时新浪网除了新闻之外最重要的频道。

我本人也是新浪网的忠实用户。我从 1999 年开始养成一个习惯,到办公室后打开电脑,先查阅和回复重要邮件,然后在浏览器中输入 www.sina.com 开始了解身边、国内、国际的大事。每到 NBA 的季后赛,我每天一定要看姚明所在的火箭队和科比所在的湖人队的最新消息,再看看新闻、比赛、评论等。当时我在中国惠普公司工作,惠普的宽松环境和人性化管理氛围让我把这个习惯保持了多年。即使 2000 年我离开中国惠普公司到美国惠普公司总部工作,也将新浪网设置为浏览器的首选网站,每天从新浪网看中国。这些习惯一直到我进入联想集团工作后才改变。首先改变的是查阅和回复邮件的习惯,我的联想手机上有了手机邮箱之后,每天的查阅和回复邮件工作就成了上班路上的消遣。而对于资讯的获取途径,还是选择新浪网。我不记得何时下载了新浪新闻 App,它当时每天 1 500 万的日活用户(DAU)中,一定有我。新浪新闻对我潜移默化的影响,是我 2015 年加入新浪体育的原因之一。

新浪网的工作内容、节奏和联想大相径庭。作为传统制造业的联想,一直是以"从干毛巾里拧水"的态度对待业务运营,要从 12.6% 的毛利中,拧出 2.5% 左右的税前利润(PTI),这让我总是担心毛巾不够结实。而以新浪网为代表的门户网站,在 2015 年有 60% 以上的毛利,不过在这样的新型企业中创新和试错,对新业务的投入和机会的捕捉尤为重要。在联想工作,由于有成熟的运营管理体系和业务流程,工作的核心是执行策略,兑现承诺。而在新浪网,则要"劳心"加"劳力"。由于公司管理架构清晰,部门规模不大,管理工作相对简单,向上管理和同级沟通的成本远低于其他公司。难的是要应对不断变化的竞争环境,保持对产品和技术的敏感,以及对发展方向的判断和把握。

2015年初，新浪移动正在调整业务策略，由于我的加盟，年度计划被拖到2月才开始逐渐形成。1月底，新浪网和微博的高管一起到海南开年度规划会议，由各个业务负责人向集团董事长兼总裁曹国伟汇报年度计划。曹总的英文名是Charles，新浪内部都称他"老查"。我知道后心里凉了半截，我的英文名字是Arthur，不会被叫成"老阿"吧。老查带领新浪网推出微博，并于2014年成功让微博在美国上市，我还参加了在北京盘古七星酒店举办的欢庆酒会。我当时作为联想的首席市场官，第一次见到了新浪微博的首席执行官王高飞。后来高飞成了我的老板，他的微博名字是"来去之间"，所以公司内都称他"来总"。当晚杜红（我们都叫她"老杜"），还将安踏的首席执行官郑捷介绍给我。后来新浪体育和安踏的夏奥、冬奥等重大合作都得感谢郑总的支持，这是后话。而2014年刚刚上市的微博还处于亏损时期，远没有2018年如日中天的光景。

2015年1月的海南会议，让我第一次有机会了解，包括微博等兄弟公司和频道的业务策略和进展，而其中最"奇葩"的业务汇报是新浪体育。当时新浪体育还是新浪网的一个频道，所以由频道的内容负责人和频道总经理阮伟共同参会，共同汇报。但很明显，由于内容负责人和阮伟的思路截然不同，所以两个汇报之间完全没有逻辑关系和业务的相互支撑，包括我在内的一屋子人都听得云里雾里。中间茶歇时，我找到老阮，问他怎么回事。老阮深吸了一口烟，缓缓地吐出一串烟圈后才幽幽地说："积重难返，不破不立吧！"我承认，这是相当高深莫测的答复，看来新浪体育有些状况。之后的两天，会议都在紧张的业务讨论中进行，我也就没去深究体育的问题，心想，毕竟老阮是体育方面的专家，有他在，新浪体育一定没问题。

两个月后，老杜找我谈事，但是没有约在公司见面，而是约我到丽都商圈附近的一家酒吧喝一杯。我和老杜都喜欢红酒，第一次一起喝酒是在

2012年，当时我刚从联想新兴市场集团被调回联想中国区任首席市场官，任职后约见的第一个门户网站就是新浪网，由此我认识了老杜，还一起喝了一瓶加利福尼亚红酒。我和老杜很谈得来，但是联想在新浪网上投的广告并不多。当时的互联网门户竞争日渐激烈，新浪、网易、搜狐、腾讯、凤凰等在门户广告业务上都大同小异，难分伯仲。各个网站向我推荐的网页广告价值，都是以千次曝光成本（以下简称"CPM"）、点击均价（以下简称"CPC"）和点击量（以下简称"CTR"）为核心指标，而这些指标日后又成为我向黄金联赛广告主推荐黄金联赛的关键。真可谓造化弄人！

那是个阳光明媚的午后，3月的北京，空气中弥漫着淡淡的迎春花和海棠花的味道。落座后我点了一支罗伯特·蒙达维酒庄出品的赤霞珠。我一直喜欢加利福尼亚红酒的直接和热情。老杜也是位说话直截了当的老板，"你觉得新浪体育怎么样？"我被问得有点晕。我平时很少关注体育方面的业务，除了海南年度会议中的一点印象，还真说不出新浪体育的所以然。虽然我热爱体育运动，在高中时代打过篮球，是校队的主力控卫，又从2000年开始跑步，到2015年时已经跑过十几个马拉松和超过100个半程马拉松，但是，我对新浪体育还是一无所知。

一个小时后，我第一次对新浪体育有了一些了解。2015年初的新浪体育作为国内顶尖的互联网体育媒体，手握一副好牌。从NBA全部互联网视频版权，到中超、英超、西甲、意甲、高尔夫、网球、F1，甚至马术等各类体育赛事视频版权，新浪体育据此形成版权视频编辑、内容建设、流量获取、视频广告变现的业务模式已经发展10年，非常成熟。大客户中，既有宝洁近1亿元年单的赛事直播贴片广告投放，也有几乎所有全球知名体育用品品牌的各种千万级投放，新浪体育的地位稳如泰山。在竞争方面，新浪和腾讯在积极争夺NBA2016—2020年的视频版权。当时的乐视体育尚未开始蒙眼狂奔，新浪体育的多数版权也要2015年下半年才到期。再说，谁能在 2015 年初预判乐视体育的疯狂程度呢？

当时形势一片大好的新浪体育，在管理上出了问题。简而言之，老阮的管理风格在新浪体育遇到了极大挑战。新浪体育的中层干部都是在新浪工作了 10 年以上的老员工，在业界和圈内多少有些地位。而老阮风格犀利，做事大刀阔斧。从 2014 年 9 月到 2015 年 3 月的半年时间，老阮和新浪体育管理团队的矛盾已经到了不可调和的地步。老杜希望由我来接替老阮，管理新浪体育。当时的新浪体育还面临另外一种时间压力，成立不久的阿里体育希望能和新浪体育"深度合作"，对新浪体育的投资调查已经提上日程。在这个当口儿，一个稳定的团队是新浪体育最基本的筹码。

跨界者能否带来新转机

我请老杜给我几天时间思考，其实作为职业经理人出身的我很清楚，如果我答应下来，新浪体育将成为我的责任。老杜找我来，就是要我帮助她解决问题。不过，面对困难，我从来没犹豫过。在联想工作的 8 年中，我也一直服从公司派遣。2006 年我面试的职位是联想集团副总裁和中国区首席市场官，而报到时被告知中国区首席运营官刚辞职，公司需要我来担任这个职务，于是我在运营管理的岗位上干了 3 年。之后，也是因为公司需要，我又调任联想俄罗斯和独联体业务的总经理。正当我决定踏踏实实干好运营和销售时，公司又有了新的调整，我成了联想中国的首席市场官。在入职新浪网之前 20 多年的工作经验使我懂得服从的重要性，而令我真正担心的是，我究竟有没有能力管理好新浪体育。

联想的企业文化有一个理念叫"想清楚再承诺，承诺就要兑现"。我对这句话有着深刻的理解。在惠普工作的 11 年中，每次老板交给我新的任务，我都欣然接受，从不推脱。从1996年我加入惠普到2007年离开时，这家历史悠久的IT公司正经历着它的辉煌。2007年惠普取代IBM，成为全球最大的IT公司。雄厚的实力、丰富的技术储备、闻名遐迩的"惠普之道"，给当时的惠普增添了无数光环。而"惠普之道"的核心是：只要公司提供良好的工作条件和支持，每位员工就会全力以赴创造价值！在惠普，只要我尽心尽力地完成老板交代的工作，即使有时结果不尽如人意，公司也会认可我勇于担当、努力工作的态度。而这个思维方式在联想就完全行不通了。

2007年3月，我加入联想，负责联想中国区的战略和运营工作。3个月后，又喜迎中国台湾地区和中国香港地区加入，成为大中华区。我应老板要求，开始管理包含台湾和香港地区在内的业务。6个月后，我又被要求接手联想的服务器业务和外设数码业务。2008年开始，联想大中华区变成大中华及俄罗斯区，我的肩上又多了俄罗斯和独联体区域的销售管理重任。最忙碌的时候，我管理着9项不同的业务，涉及销售、策略、运营、研发、渠道管理等。我一天参加12～15个会，从早上8点工作到晚上7点，午饭都没时间吃，整日疲于奔命。而到了年底的业绩考核时，我得到的是最差评级。我满腹牢骚地找老板理论，得到的答复是："我请你来，是要你做成这个业务，不只是管理！"这么看，2009年开始推行的联想企业文化"想清楚再承诺，承诺就要兑现"，好像是为我量身定做的一样。

我究竟能不能管理好新浪体育？联想的工作经历告诉我，虽然过程重要，但结果要大于过程。体育的意义是什么？新浪体育需要改变什么？新浪体育的两百多位同事需要什么改变？我需要哪些公司的资源？我需要哪些部门的配合和支持？我应该向谁请教体育产业的问题？新浪体育的机会在哪里？我有什么能力可以经营好一项完全没接触过的业务？我想要什么？我能给这项业务带来什么？

一周后，带着所有这些暂时没有答案的问题，我成为新浪体育总经理。我的些许信心来自以下几个方面：

- 新浪体育的成绩是团队创造的，同事间保持良好合作关系就有机会。
- 我相信自己的学习能力和健康心态。
- 虽然我不懂体育，但我有严谨的商业逻辑和丰富的盈亏管理经验。
- 我有老杜无条件地支持。

我祈祷我还能有好运气。后来的事实证明，除了对当时新浪体育面临的竞争环境的严重误判，其他的，我都有。

然而，即使我拥有当时能够企及的一切，我能带领新浪体育走出困境吗？

第 2 章
体育版权的豪赌

大多数人反对的事业也有可能获得成功。而人人认为可以的，往往因为过度竞争而难以盈利。

——摘编自《零售的哲学》

巨头入场，体育版权遭遇哄抢

新浪体育 2015 年以前的盈利模式和 2017 年以后的盈利模式对比：

2015 年以前：大赛视频 > 生产内容 > 流量 > 广告（以线上视频广告为主）

2017 年以后：大赛视频 + 自有赛事 > 生产内容 > 流量 > 广告（线上和线下广告）

2015 年 4 月，我开始参与新浪体育的运营管理。两个月后，新浪体育开始面临问题，这些问题比之前我所了解和预测的大得多。从 2015 年下半年开始，新浪体育开始丢失能创造巨大网站流量的、赖以生存的体育赛事视频版权。

2014年的新浪体育用"如日中天"来形容，一点儿也不为过。彼时新浪体育拥有包括NBA在内的100余个国际体育大赛的视频版权。版权资源如此丰富，频道也按照版权分为NBA、中国篮球、中国足球、国际足球等。而这些频道的内容建设，包括视频剪辑、短视频结合文字报道到图片结合短视频的文字报道等，都是依靠着国际大赛——头部赛事的视频版权。2014年新浪网甚至挖来负责NBA中国版权合作的律师李想（Sam Li），请他来管理新浪体育的各种版权。当时新浪体育的流量和广告收入相当可观，一个NBA赛季的清扬洗发水视频贴片广告就有好几千万元。尽管贴片广告收入对比版权投入变现能力低，但由于视频的内容丰富，观众多，网站流量大，市场前景看好。

NBA视频版权随着2014—2015赛季的结束，开始了新一轮5年赛事版权的争夺，新浪体育当然希望继续锁定NBA视频版权。中超视频版权也碰巧在2015赛季结束，这一年成了新浪体育赛事版权的分水岭。2015年的新浪体育，危机四伏。

随着新一轮5年NBA视频版权花落腾讯，之后的中超视频版权被体奥动力豪夺，一时间，新浪体育陷入重大体育赛事的"版权荒"。2015年开始，一时财大气粗的腾讯、蒙眼狂奔的乐视、不差钱的苏宁、体坛黑马体奥动力依次加入版权豪赌。其中的逻辑很简单，只要拥有头部赛事的视频版权就拥有用户、流量、广告和收入。就连和体育八竿子打不着的暴风影音也进来"搅局"。当暴风影音放话要拿出2亿元"掠夺体育版权"时，这个举动竟遭到了嘲笑："2亿元也想拿体育版权？"体育产业似乎进入了一个"有钱就任性"的年代。

从 2015 年开始，新浪体育一个接一个地"丢掉"了体育大赛版权。对于这其中的决策，我完全没有异议。按照当时任何一个赛事版权的新价格，新浪体育都没有办法和可能实现盈利。一个体育公司存在的意义如果不是盈利，那是什么？新浪体育不是政府单位，不是慈善组织，不是公益机构。多年以后，当某个体育大项协会负责人定义其联赛为"公益赛事"时，我忍不住笑了。2017 年新浪高管年会结束后，老查问我："如果给你 1 亿元，你打算买哪个版权？"我不假思索地回答："都不买，还不如自己做赛事！"我一直是老查的拥趸，叹服他对业务的把控能力和决断力，在赛事版权的取舍上，我和他的看法高度一致。

流量失守，如何破解"无解"

到了 2017 年底，新浪体育已经失去了所有重大赛事的直播视频版权。除了微博所拥有的具有社交媒体属性的短视频资源，以及新浪体育所签订的网球、高尔夫等个别项目的短视频和集锦以外，新浪体育没有其他任何重大赛事的视频内容。这种局面是 2014 年的新浪体育无法想象的。2017 年的新浪体育依然拥有 160 名员工，依靠大赛图文报道、微博短视频引流、微博体育矩阵生产的内容，还能保持手机新浪网日均 1 000 万独立访问用户（以下简称"UV"）、1.2 亿日均页面浏览量、接近 100 万新浪体育 App 日活用户、近 100 个微博大号，2.2 亿粉丝量和日均 60 亿微博话题阅读量。新浪体育还是中国顶尖互联网体育媒体，问题是，这个地位还能持续多久。

在内容竞争方面，高价获得 NBA 视频版权的腾讯体育当仁不让。随着 NBA 视频版权旁落，新浪体育 NBA 频道一半员工跳槽到腾讯。他们通过微信订阅号推送，腾讯 NBA 频道的日活用户数迅速攀升，比赛日的内容流量很快超越了新浪体育 NBA 频道。令我感到意外的是，新浪体育

赛事金矿　Fire the Game

NBA 频道的日活用户数和总流量在 2016 赛季竟然没有下降多少，大部分 NBA 粉丝在腾讯体育看 NBA 比赛视频，然后回到新浪体育看赛事报道并在评论区讨论。这个 NBA 粉丝多年养成的习惯，让新浪体育 NBA 的每篇赛事报道都能收获几百条评论、上万个赞。

但新浪体育用 5 年时间培养起来的这个 NBA 粉丝的习惯，还能帮我们多久？没有视频的新浪体育 NBA 频道，还能支撑多久？

新浪体育 NBA 频道在 2016 赛季的表现让他们获得了新浪体育的年度报道大奖，充分证明了新浪体育员工们的功底和地位。记得 2015 年我和老杜开会的时候，老杜形容 NBA 的视频材料就像 5A 级神户牛肉，批评新浪体育当时的"烹饪能力"只能把 NBA 视频做成生牛肉塔（beef tata）和日式牛肉火锅（shabushabu）。这个形容很生动，但有点儿残酷。到了 2016 年，在目睹了其他友商处理中国男子篮球联赛（CBA）和中超赛事视频版权的惨烈现场后，我竟然觉得生牛肉塔和日式牛肉火锅是很高级的料理，非常高级。

"人无千日好，花无百日红。"从 2017 赛季开始，没有 NBA 视频的新浪体育 NBA 频道流量下降逾 30%。丢失大赛视频版权，直到今天，对于新浪体育而言，也是一个无解的难题。

2016 年，新浪体育除了英超之外，没有其他任何国际大赛的视频版权。和版权一起丢失的是视频广告收入。好在 2016 年还有里约奥运会。体育赛事有明显的"季节性"特征，奥运会、足球世界杯都在双数年举办，比如 2016 年里约奥运会，2018 年俄罗斯足球世界杯，2020 年东京奥运会。在双数年里，新浪体育可以依靠大赛的报道吸引流量和广告客户。2016 年，新浪体育在里约奥运会放手一搏。2016 年初，老查带领新浪体育和微博团队一起到巴西里约热内卢，拜访巴西政府、体育主管部门和赛事转播机构，为新浪网和微博的奥运报道争取先机。新浪体育还预订了和奥运主场一路之隔的公寓，作为新浪体育里约奥运会的报道基地，并从当地的转播机构租赁了全套设备，设立了新浪体育奥运直播间。

为了里约奥运会，新浪体育制定了"新动里约"奥运战略，并率先签下郎平、李娜、博尔特、追梦格林[①]、孙英杰等众多奥运巨星；签约女排、举重、摔跤、柔道、自行车、击剑、马术、现代五项、铁人三项，共计9大比赛项目的中国奥运代表队；邀请近百名知名媒体人、评论员组成的体育专家阵容，配合签约的明星资源，推出《冠军访谈》和《里约最前线》栏目，把夺冠后的运动员和签约嘉宾明星请到新浪体育前方演播室，第一时间与大家分享夺冠历程和奥运征战故事，与用户共同铭记历史瞬间。而《奥运大主播》和《里约大冒险》等一系列视频节目和微博玩法，集专业内容生产（PGC）与用户原创内容（UGC）为一体，让每个人都能成为奥运会的报道者。功夫不负有心人，新浪体育成为安踏体育里约奥运会的主合作伙伴，并获得了其他9个品牌的赛事节目冠名权和广告投入。广告收入成为赛事报道的资源和投入，为优质的内容建设提供保障。

新浪体育的网站流量在2016年6月20日NBA总决赛之后，到8月5日里约奥运开赛之前坐了一次过山车。2016年，NBA总决赛从6月3日开始到6月20日"抢七"（第七场）期间，新浪体育NBA频道保持了和NBA 2015赛季总决赛相近的总流量。但如果稍加分析就会发现，2015赛季的NBA总决赛，勇士队在第六场就击败了骑士队，以4:2赢得总冠军，比2016赛季少赛一场。和2015赛季相同的总流量，意味

[①] 德拉蒙德·格林（Draymond Green），NBA勇士队球员，由于名字"Draymond"的谐音与"追梦"相似，被中国球迷亲切地称为"追梦格林"。

着 2016 赛季至少有 17% 的流量下滑。而从 2016 年 6 月底到里约奥运会开幕前的两个月，新浪体育的流量年比下降了近 30%。幸好，8 月 5 日，里约奥运会来了。

新浪体育的里约奥运会报道大获成功。流量坚挺，各项指标全面超越 2012 年伦敦奥运会，毕竟有四年的积累呀！主赞助商和一众客户都非常满意。新浪体育的 2016 年，有惊无险。

光阴荏苒。2017 年新浪体育又失去了天价的英超视频版权，真的一无所有了。完全没有赛事的视频素材，赛事报道举步维艰。团队对新闻点的敏感捕捉、优秀的文字编辑能力和丰富的经验，都没法阻止网站的流量下滑。对于一个体育视频网站而言，失去所有大赛的视频版权，就像缺少神户牛肉的牛肉料理店，无以为继了。

2017 年的新浪体育，该何去何从？青黄不接的 2017 年，流量从何而来？从 2015 年开始的黄金联赛，能否肩负起流量和广告收入的重任？

面对诸多困境，除了做温水里的青蛙，我们还有什么牌可以打？

第 3 章
从体育媒体到体育公司

大众对一个问题的认知常常需要一个启发的过程，正如苹果手机诞生前没有人认为自己需要一台这样的手机。所谓公众的设计修养，不是对设计诞生前的预测能力，而是对设计的认知、理解和接受的能力。

——摘编自《设计的修养》

自从失去了 NBA 的视频版权，新浪体育急需新的发展策略，突破一直赖以为生的版权视频编辑、内容建设、流量获取和视频广告变现的业务模式。然而，离开了国际大赛和国内顶级职业联赛的视频内容，流量从何而来？新浪体育是否可以和拥有版权的平台合作？新浪体育是否可以以赛事媒体服务商的身份，直接服务国内的职业赛事，从而获取一些视频素材？新浪体育是否能尝试自办体育活动或者赛事？

自办体育活动或者赛事既有内容来源，又能产生流量。黄金联赛，在这个青黄不接的时刻悄然登场。

自办赛事活动开局不利

2015年6月，在思考内容建设的同时，我开始考虑体育活动是否能带来流量和广告收入。在联想主管市场工作时，我提出了用娱乐营销、体育营销的方式推广联想手机和平板电脑的思路。从2012年开始，联想先后赞助了北京马拉松、兰州马拉松、上海马拉松、广州马拉松等众多大众体育赛事，并在赛事中大力推广联想手机等消费类电子产品。当时赞助马拉松比赛的科技类国际大厂还不多，联想自然获得了许多优惠条件，能以非常合适的资金投入获得赛事顶级赞助商权益。2013年，联想手机首次亮相兰州马拉松，让数十万兰州人记住了联想手机。从2014年北京马拉松开始，赛前联想成立赛事媒体跑团，给媒体记者和马拉松"大咖"赠送适合运动的联想手机。比赛前开展的联想手机赛道测试活动，比赛中的赛道采访，比赛后的媒体会都给予联想手机品牌和产品充分的曝光。而参与马拉松活动的媒体记者都深深地被马拉松运动的魅力感染，报道赛事和推荐联想手机一样不遗余力。体育营销成为联想当时性价比最高的推广手段之一。

2015年，作为没有牌可以打的新浪体育总经理，我再次选择了赛事活动。如果自办赛事活动能成功，比赛视频可以贡献内容建设、吸引用户、带来流量，新浪体育就不必受制于人，也许就有新的希望。

在面试了几位有赛事活动经验的体育人后，伊森（Eason）加盟新浪体育，成为赛事部门的负责人。职业足球运动员出身的伊森从北京体育大学硕士毕业后，从事过足球和篮球相关的赛事组织工作。而新浪体育的三人制篮球项目，就是从伊森加盟后开始的。当时还没有"黄金联赛"这个高端大气的名字，2015赛季的名称是"新浪三人制篮球街头争霸赛"。

黄金联赛自2015年创立，从9个城市开始，483支球队参与并见证了黄金联赛诞生的坎坷。当时三人制篮球远没有现在普及，很多参赛选手都不了解三人制篮球的比赛规则。当时一个"交球"就需要反复和参赛球员讲解。交球，指第一个触球的进攻队员需要在比赛开始时将球交给防守队员，由防守队员把球交还给进攻队员开始比赛。有的防守球员在进攻方执行交球时，直接一转身三步上篮，或者故意把球抛到远处，干扰进攻队员接球进攻。

首届黄金联赛，一言难尽。

2015年夏天，我去看了几个城市赛现场。从第一站成都站开始，我就默默地记下了赛事出现的各种问题。

- 场地条件差：刚开始的比赛直接用了标准篮球场的半场，不符合国际篮球联合会（FIBA）的三人制篮球场地要求；场地多是学校的水泥地面，容易造成运动伤害。
- 裁判水平参差不齐：没有全面启用国家级三人制篮球裁判，有个别裁判是体育老师，没掌握三人制篮球的比赛规则。
- 赛事完全没有报道传播，影响力小。
- 没有赞助商。

当时的比赛场地、裁判能力、参赛队员的水平甚至赛事组织都可以用"惨不忍睹"一词来形容。我从初一到高三打了6年篮球，尤其在高中时期，作为校队的主力控卫参加过北京市和北京海淀区多个赛季的比赛，对于"业余的专业篮球运动员"的我而言，观看首届黄金联赛的比赛，实在是煎熬，更别说专业人士了。

好在赛事负责人伊森沉得住气，居然能忍受在9个城市重复这样"惨不忍睹"的赛事。我后来分析其中的原因,估计伊森曾经是专业足球运动员,又是北京体育大学足球专业的硕士,因此对篮球"惨剧"有着超人的承受能力。

员工流失之痛

2015年,我一边疲于应付流失的国际大赛版权,一边关注着黄金联赛的发展,同时还要忍受大批员工离职的困扰。随着赛事版权的流失,团队成员开始从一两位到全队被乐视体育、腾讯体育挖墙脚。毕竟围绕NBA和大赛视频进行赛事解说、内容剪辑、编辑工作的人,一旦离开了视频,就像鱼离开了水。

2015年6月前后是员工离职的高峰期。由于当时新浪网人力资源政策要求离职面谈,我的办公室门口经常有准备离职的员工排队,等候和我进行离职面谈。开始我还抱有一些幻想,和要离职的员工推心置腹地交流,从业务模式到商业逻辑,细数乐视体育等公司的种种不合情理的投入。可跟我面谈的员工一句话就把天聊死:"人家可以花上亿元抢购版权,人家都是傻瓜吗?"好吧,算了,不聊了,您请便。之后和一位员工的离职面谈,彻底"征服"了我。这位大哥在新浪体育工作了10年,对新浪体育有极深的感情,和我交流时谈到过去10年的种种,显得非常不舍,最后竟满眼泪水,我一看机会来了,便动情地对他说:"既然这么难舍,就先留下来吧。咱们一起想办法,一起努力。尽管我现在也没有头绪,但只要我们不放弃,新浪体育就一定能渡过难关!"谁知大哥一把抹去眼角的泪水,说:"你们完全没机会的……"

我随即找到新浪人力资源负责人,说:"从现在开始,新浪体育的离职不需要面谈,直接发邮件给我,抄送人力资源部,我一律邮件回复'同意'。"结果，如此高效的离职程序，让2015年新浪体育离职人数达到了创纪录的80人。

到了2015年底，没有大赛版权，员工流失严重，被寄予希望的黄金联赛又举步维艰，完全看不出新浪体育有能担当大任的样子。在从零开始的9个城市篮球比赛中，尽管团队锱铢必较，还是投入了近340万元的成本和40万元赛事奖金。这项初创赛事完全不符合新浪的互联网逻辑，在新浪体育内部也无人问津，鲜有支持。我甚至无法调动新浪体育的篮球记者来报道新浪体育自办的赛事。带着种种烦恼和绝望，我约了篮球界的大腕——众辉体育董事长陆浩，一起喝咖啡，向他请教。

陆总在体育圈，尤其在篮球界，是大名鼎鼎的人物。身材不高的他是职业篮球控卫出身。他早年在厦门担任过厦门远华足球俱乐部总经理，之后成为中国第一批执证体育经纪人，他作为姚明的经纪人，把姚明带到NBA。在姚明出任中国篮球协会主席后，陆总又投身到青少年篮球公开赛（NYBO）的赛事创立和推广工作中，为培养篮球后备力量做贡献。我在一次体育峰会上结识了陆总，他人很随和、客气，完全没有前辈的架子，这让我有勇气在无助的时候，找他帮忙，请他出主意。

我们约在11月一个阴冷的周日下午，在北京世贸天阶巨幕下一家咖啡馆见面。一杯卡布奇诺在手，我开始介绍黄金联赛的办赛初衷。当时三人制篮球只是FIBA推广项目，比赛远没有现在的知名度，也不是奥运项目，但从一个篮球爱好者的角度来看，我十分看好三人制篮球的发展，笃定三人制篮球会成为奥运项目。2017年，三人制篮球正式成为奥运会比赛项目，证实了我当时的判断。可在2015年底，我还是要面对新浪体育遇到的种种困难和办赛的严冬。

在听了我将近 20 分钟的介绍、对各种困难的描述和罗列一大堆问题后，陆总沉吟片刻，然后抬起头看着我说："咱们一起合资，办黄金联赛吧。"之前，我和陆总有多年的交情，通过青少年篮球公开赛的合作，各种项目配合，让我感到陆总是一个非常实在、仁厚的大哥。但当时的一刹那，我似乎透过他近视眼镜的镜片，看到了一丝商人的"狡诈"。当然事后证明了我的狭隘，那是陆总因对篮球的热爱而流露出来的真实情感。

一系列如此"惨不忍睹"的比赛，9 个城市，1 500 多名参赛选手，除了 361°集团提供的几百套篮球服之外，没有任何现金赞助，这样的业余三人制篮球赛事，竟然能得到体育业内大佬的青睐，我受宠若惊。惊吓之余，我的内心升起一丝骄傲和被认同的感慨。我想了想，回答道："谢谢大哥的垂爱，黄金联赛今年实在难登大雅之堂。"我停顿了一下，继续说："明年，我再办一年比赛，再回来找您谈合作。"谢别了陆总，我心里已经有了比较坚定的想法。有陆总的支持，证明三人制篮球有机会，一定要把黄金联赛办下去。

一年后，黄金联赛成功获得匹克体育赞助，顺利走过 15 个城市，共有 2 740 支球队参赛。办赛水平、参与程度和口碑都有了巨大的提高，传播也提升到了新的高度。我再次坐到陆总面前，汇报黄金联赛的得失、进步和思考。听完后，陆总摘下眼镜，幽幽地说："合资，好像不可能了呀。"之后每当碰到陆总，我都会万分感慨，然而陆总一直很低调地说："你们做得好，我没帮上忙。"而我想说："陆总，您永远是黄金联赛的伯乐。"

体育赛事的未来在哪里

2016 年，经过认真复盘的黄金联赛走过了 15 个城市，覆盖了北京、上海、广州 3 个一线城市，以及成都、重庆、西安、杭州、武汉、南京、哈尔滨等12个二线城市。赛事质量、竞赛水平、参赛人数都有了长足的进步。2 740支球队，11 000名球员参与了黄金联赛，让黄金联赛第一次成为一项万人参赛的大众赛事。

黄金联赛第一次有了冠名赞助商。匹克体育投入500万元现金和相关比赛服，成为2016赛季黄金联赛的冠名赞助商。有了匹克体育的现金赞助，加上斯伯丁、天速等另外5家提供实物赞助（VIK），我们看到了黄金联赛成长的曙光。

更重要的是，经过和CCTV-5的多次沟通，央视第一次为一项大众参与的篮球赛事提供了总决赛的直播。

2016年11月，在结束了2016赛季五棵松HI-PARK篮球公园总决赛之后，我觉得是时候和业界分享一下黄金联赛三个第一次的成功经验，并鸣谢一下赞助商了。尽管冠名赞助商匹克体育的老板许志华没能到五棵松HI-PARK篮球公园观看总决赛，也没有对第一年的合作表示十分满意，但也没有提出什么异议。匹克团队已经约我们沟通2017赛季传播关键绩效指标（KPI）等相关事宜。新浪网是媒体，对传播的KPI我没有太大压力，但总觉得要和匹克体育在赞助回报上达成共识，有共同认可的衡量标准。当年我在联想做首席市场官时，最头疼的是和供应商核对推广项目的KPI以及投资回报。

但当时作为赞助商权益一部分的媒体会，却成了黄金联赛永远的痛。新浪体育独树一帜的自办赛事，当时还入不了一些媒体人的眼。

媒体会在新浪获奖（建筑类大奖）无数的新浪大厦召开。对体育媒体的忌惮让我多了心眼儿，还邀请了之前合作顺利的商业媒体和一些声名鹊起的自媒体。果然，在我讲解了新浪体育业务逻辑，分享了黄金联赛的经历之后，发布会陷入令人窒息的沉默。还好有和我相识多年的老凉和懒熊体育的几位记者，问了几个不痛不痒的问题。我深刻怀疑懒熊体育的记者是看在我和其创始人韩牧是朋友的分儿上，才问了非常客气的问题。当然，这些不痛不痒的问题后来没啥报道，我也就不深究了。其他媒体就没这么客气了，发布会的气氛在一位体育媒体记者的提问中进入高潮：

"请问新浪体育有计划再获取 NBA 的版权吗？"
"那中超呢？"
"CBA 呢？"
"西甲、意甲、德甲呢？"

在我一连串的回答"没有"中，记者一屁股猛地坐了下去。随着该记者落座，会场陷入一片死寂。我把一声叹息咽到肚子里，开始讲笑话。

你们看过《蜡笔小新》吧？妈妈说家里要吃火锅，小新自告奋勇去买蔬菜。到了店里，小新威风凛凛地问店员：
"老板有白菜吗？"
"抱歉，没有呀。"
"有豆腐吗？"
"也没有呀。"
"什么都没有，还开店？"
"可我的店是鱼店呀。"

新浪体育不是一家视频网站，如果是，早关门了。新浪体育是一家体育公司，我们在探索体育产业的未来！

第 3 章　从体育媒体到体育公司

多年以后,我碰巧和老凉喝酒。谈起当年,我俩唏嘘不已。新浪体育在无路可走的情况下开始体育赛事的经营,从无到有,需要时间。但无人看好、无人喝彩的自办赛事之路,像黎明前的黑夜,很漫长。

几年后再看 2015 年和 2016 年的大众篮球赛事,无论是黄金联赛、中国篮球协会的 CBA3×3、李宁的 4×4、安踏 "要疯"、虎扑 "路人王",其实都存在着一些相似的改进空间:

- 体育赛事困在体育馆。大众赛事和职业赛事、竞技体育不同,其比赛的初期受限于赛事水平,无法吸引观众和关注。在体育馆办赛符合体育逻辑,但完全不符合商业逻辑。
- 大众赛事办赛水平低。大众参与的赛事没有赞助商(不同于鞋服品牌自办的赛事),投入低,办赛水平无法保障。办赛水平低又影响赛事的影响力和商业化水平,形成恶性循环。
- 大众赛事没有宣传推广,自娱自乐,没有关注度和影响力。
- 大众赛事一年一次,无法做到覆盖广和频次高,传播力和影响力低,没有商业价值。
- 大众赛事不成体系,没有上升通道,不能吸引高水平选手参赛,赛事水平无法提升。
- 没有赞助的赛事,无法发展、成长。

我们该如何应对这样的困境呢?

第二部分

让体育赛事成为一门生意

第 4 章
品质是赛事商业价值的基础

> 人们都认为体感游戏机（wii）能获得成功是我能预见到游戏发展的规律和市场的动向。实际上，我根本没有这个能力，获得成功不是因为预见了什么机会，而是做正确的事。
>
> ——摘编自《任天堂哲学》

2015年底，第一次向匹克体育推荐黄金联赛，匹克体育的市场负责人林总问我："既然黄金联赛是大众参与的赛事，那你怎么保证赛事的品质？"我当时从办赛计划开始介绍了2016赛季的规模、参与人数、报道计划和能够确保达成的给匹克体育的品牌曝光度，但对赛事品质的回答竟是一个赛季之后了。

| 黄金定理 一 | 决定大众赛事品质的要素是 SFSPP。 |

第 4 章　品质是赛事商业价值的基础

一个赛事的成功体现在很多方面，大众参与程度、竞赛组织水平、参赛队员竞技水平、赛事赞助、赛事传播和关注度、影响力等，而赛事成功的基础是赛事品质。关于赛事品质，我总结出几个维持高水平比赛的要素：SFSPP。

Safety：安全，安全的比赛硬件

Fairplay：高水平，公正的裁判

System：系统数据，可管理的赛事报名系统和可供商业化的大数据

Protection：运动保险，提供充分保障的赛事保险

Promotion：传播，高质量的赛事传播

从 2016 赛季开始，有了匹克体育的赞助，随之而来的是匹克体育对赛事品质的各种意见和要求。匹克体育推广团队曾数次参加 NBA 中国赛，也曾经到美国看过 NBA 总决赛。我在 2015 赛季也到圣弗朗西斯科看了 NBA 总决赛在加利福尼亚州的第二场比赛，加上早年的篮球训练和比赛经验，我对匹克团队关于赛事组织的各种要求非常理解。双方在提升赛事品质上很快达成共识，并付诸行动。2016 赛季后，赛事团队就开发出赛事执行手册，对黄金联赛的预赛和决赛提出了明确的品质要求。2016 年总决赛后，我第一次给匹克体育看了我们为赛季总决赛精心准备的赛事手册，了结了一桩心事。

S：安全的比赛硬件

2015 年首个赛季的黄金联赛，包括在五棵松 HI-PARK 篮球公园的决赛，都没有采用 FIBA 要求的专业三人制篮球比赛地板。三人制篮球比赛场地虽然小，但比赛强度大，队员跑动、急停等动作幅度大，对地板要

求也高。2015 赛季时，黄金联赛还没有引入可移动的悬浮拼装地板。从 2016 赛季起，团队就开始寻找三人制篮球比赛的专业 POE 软胶悬浮地板（以下简称"POE 地板"）。POE 地板采用热塑性弹性材料，由 25 厘米到 50 厘米大小的片状地板拼接而成。很快，河北天速地板公司成了黄金联赛的合作伙伴。在最初试用天速 POE 地板中，参赛队员都反映 POE 地板弹性好，不打滑，摔倒时保护好，能放开手脚比赛。由于 POE 地板能在 -40℃至 60℃的理论环境中使用，在 2016 赛季和 2017 赛季期间，天速地板陪伴黄金联赛走遍祖国大江南北。随着 2016 赛季黄金联赛成为 FIBA 认证赛事，团队开始和 FIBA 的官方地板赞助商英利奥接触。从 2018 赛季开始，黄金联赛地板升级为英利奥 SES 地板。SES 是该地板特性的缩写，英文全称是 Soft（柔软）、Elasticity（有弹性）、Safe（安全）。总之就是可以在地板上撒欢儿的意思。

除了地板，篮架的选择也相当重要。黄金联赛的参赛队员有身高 2.2 米的内蒙古小伙，也有体重达到 300 斤的东北大汉。从 2016 赛季开始，黄金联赛全面升级了地板和篮架，保证了后续赛事的安全和顺利进行。

2018 年广州站决赛前，我们和广东省篮球协会主席一行在赛场附近做交流，随后一起到商超比赛现场观赛。比赛开始前，协会主席一行人特别检视了我们使用的英利奥三人制篮球比赛专用地板，美观、防滑、防摔且喷涂了黄金联赛专门的蓝黄色，又看了我们现场的直播机位设置、游击机位、运动相机（Gopro）摄像头的安排。那场比赛的设备是我们从广东电视台体育频道租来的，整套直播设备非常高端。在啦啦操、街舞、斗牛和扣篮大赛一系列子赛事的烘托下，黄金联赛比赛精彩、激烈。广东省篮球协会派出国家级裁判执法，比赛的节奏感和公平性得到了充分的保证。

比赛结束后广东省篮球协会一位负责人和我说：

"这种高水平的硬件,高水平的比赛,我们也能组织,品质不会输给你们的。"

我的回复是:

"我对此深信不疑。但如果在全国50个城市都办这样的比赛,保持这种水平,你们可以吗?"

F:公正的裁判

2015年首个赛季,我们并没有考虑参赛者的年龄问题。毕竟483支球队,1 600人的规模,不必考虑太多,而且我们的预赛基本在大学校园举办,大学生运动员是主力。随着黄金联赛办赛城市的增加,参赛者的数量也随着年龄一起直线上升。而通过现场观赛,我很快注意到一种现象,年龄较大的参赛队员往往体型和体重都令人担忧,而移动步伐、速度和弹跳就更是令人"悲恸欲绝"了。我多次看到赛场上自诩年轻的大叔们追不上年轻人就拉、拽、扯,还做出在篮球赛场严令禁止的伸脚动作。拉、拽等小动作不会造成伤害,往往会给比赛增加火药味,但伸脚、垫脚就完全不同了。篮球比赛中垫脚是指防守一方在进攻队员起跳投篮时,将自己的非支撑脚伸到防守队员下落的位置进行干扰,是严重的犯规,往往会给进攻队员造成很大伤害,导致崴脚、踝关节错位甚至骨折的发生。

2021年女子篮球甲级联赛(WCBA)赛场上就出现过令人痛惜的一幕。一方队员垫脚,造成一位很有前途的女运动员可能永远离开篮球赛场。而这么严重的犯规,当值裁判居然没看见。

在多场黄金联赛比赛中,当值裁判的水平和责任心成了赛事顺利进行的重要保障。裁判哨音及时果断，能在很大程度上抑制犯规，平复队员心态，控制比赛节奏。对犯规队员的口头警告，对技术犯规、违体和夺权犯规的判罚，能迅速控制比赛，避免不必要的冲突。三人制篮球比赛中先得21分的球队获胜，因此技术犯规的一罚一掷（罚篮一次并有球权），违体犯规的两罚（两次罚篮没有球权），都会对比赛结果产生直接影响。而在队员情绪激动将要发生冲突时，裁判需要挺身而出，将双方队员隔开，避免矛盾激化。

从2016赛季起，所有黄金联赛比赛，包括预赛，都请国家二级裁判员现场执法。年度总决赛，重点城市赛区决赛，如北京、上海、广州、成都等的裁判都是国家一级和国际级裁判。在多个赛区的预赛中，我多次看到当值裁判在开赛前召集双方运动员，提纲挈领地讲明一些关键犯规的判罚标准。在个别参赛队员因为不了解三人制篮球比赛规则，包括交球，攻防转换出两分区时，大多数裁判员都能果断判罚，并耐心解释，让双方队员心服口服。

2016年的杭州赛区比赛在8月举行，正好赶上G20杭州峰会筹备冲刺。预赛没有太多观赛人员聚集，问题不大，但决赛因为根据赞助商权益要搭建看台，不但要组织300人规模的观众，而且要现场直播，这就让我们犯难了，因为当时杭州全市公共场所都不批准200人以上的活动。当年赛事冠名赞助商联想ZUK手机正值8月发布新品，杭州又是他们推广活动的关键一站，要求全方位参与杭州赛区决赛，保障手机产品在决赛期间的曝光和推广。经过多方协调，我们把决赛场地选在了浙江警察学院临安校区。这下场地条件满足了要求，而且在警察学院办赛，赛事安保也让人放心。赛前我还是三番五次地叮嘱赛事负责人伊森，裁判要安排好，这是G20杭州峰会前夕，又是全国全网直播，千万不能出现打架斗殴等事件。"你放心吧，没事！"看着伊森这么大大咧咧，我捏了一把汗，决赛时将有两位联想集团副总裁、手机营销总经理和联想 ZUK 手机负责人到场观赛，马虎不得。当天我早早到达了比赛场地，看到赛事运营、直播团队、媒体报道、客户接待团队都各司其职，心里才踏实了一些。可是，为什么场边有这么多警察？

比赛在杭州烈日炎炎的午后准时开场。令人感到奇怪的是，八强队伍运动员在开场亮相后都纷纷跑去裁判席向三位裁判鞠躬、握手、问好。杭州篮球爱好者这么有礼貌呀。这时伊森得意地晃过来，说："您看这几位裁判，还有技术台坐着的，面熟吧？都是刚刚穿着警服的高级警员呀！他们几位都是杭州大名鼎鼎的警官裁判，他们出面执法的比赛，还没出过乱子。"

江南忆，最忆是杭州。我爱杭州。

S：可管理的赛事报名系统和可供商业化的大数据

2016 年赛事过半后，我们规定黄金联赛参赛运动员年龄为 18～40 岁。

从 2016 赛季起，我们开始要求参赛运动队员提供身份信息，包括姓名、身份证号码、手机号码和邮箱。当时是非强制性的，所以大部分运动员只提供了姓名、手机号码和邮箱。手机号码和邮箱是接收比赛信息用的，但身份证号码的收集一直有难度。

随着 2017 年黄金联赛上线报名系统的使用，以及成功和运动保（Sport Covers）合作，我们给参赛运动员提供运动伤害保险，要求所有参赛运动员在线上报名，并提供真实姓名、身份证号码、手机号码和邮箱。从那时起，黄金联赛才真正保证了参赛球员数据的真实和完整。

P：提供充分保障的赛事保险

从 2016 赛季起，黄金联赛就有中学生开始参与，15 个城市有几十支高中生球队报名参赛。一开始没人意识到这是个问题，高中生球队在如此竞争激烈的三人制篮球项目上，没有什么机会杀到半决赛。当时黄金联赛既没有设定年龄下限，自然也没有设定上限。但是篮球比赛，尤其是三人制篮球的赛事，水平越高，竞争越激烈，受伤的可能性也就越大。2015 年的总决赛，伊森团队已经请专业医疗救护团队在现场值守，处理一些较轻的意外伤害，多是擦破皮、崴脚等，没有大碍。从 2016 赛季起，医护人员正式成为每个赛区决赛的标配。但眼看着赛事水平和比赛激烈程度同步提升，我开始担忧，参赛运动员如果骨折怎么办？出现重大意外伤害怎么办？

在 2017 赛季开始前，我们找到了运动保。运动保是一家深圳企业，在 2017 赛季成为黄金联赛的官方合作伙伴和赞助商。成立于 2015 年 11 月的运动保是国内首家运动健康领域全流程风险管理平台，以创新的渠道推广模式为特点，以体育保险和运动康复为核心业务。简单来说，运动保给每个正规参赛且提供正确个人信息的参赛运动员提供比赛全程保险。从 2017 赛季到 2019 赛季，运动保为黄金联赛参赛选手提供了总计 28.5 万份保单，为其中 6 位意外受伤的运动员提供了赔付保障。而之前一直困扰赛事团队的参赛运动员个人信息收集工作的难题，也随着运动保的推进，迎刃而解了。

P：高质量的赛事传播

黄金联赛直播和图片报道是从 2016 赛季的区域决赛开始的。到了 2017 赛季，所有省级决赛都有新浪体育视频团队参与，进行直播。而

CCTV-5更参与了2016赛季全国总决赛的直播报道。新浪体育在2016年以前只有视频团队，其工作是剪辑国际大赛比赛视频，就是老杜提到的"把神户牛肉加工成生牛肉塔和牛肉火锅"的团队。

从2016年开始，新浪体育尝试进行马拉松赛事运营和报道。2016年，新浪成都公司获得为期3年的成都温江半程马拉松运营权，于是找到新浪体育做赛事宣传。我要求视频团队进行温江马拉松比赛视频直播。当时马拉松赛事直播都是电视台承办，因为在21～42公里的赛道上直播，需要摄像团队、微波载波传输设备、双路备份，甚至要动用直升机作为中继站保证直播品质。2016年前后，像北京马拉松、上海马拉松这样的大型赛事，都需要500万～1 000万元的直播成本，而对于一般的马拉松赛事而言，直播在当时就是天方夜谭。

我和视频团队负责人庆文一起找了几家做过赛事直播的合作伙伴，讨论马拉松直播的可行性。在和朗威通信李总沟通中，他提到国外的赛事开始使用4G背包——一种利用无线网络传播比赛视频的设备。具有IT背景的我迅速查阅资料，恶补用无线设备直播体育赛事文献。很快，一个手持摄像设备加上4G背包，利用电信无线网络传输的直播方案便出台了。在这套解决方案中，摄像设备就像现在的苹果手机的摄像头，而4G背包就是一个功率强大的大号手机。当我向视频团队的同事们布置直播任务时，整个团队都蒙了。从坐在有空调的办公室做视频剪辑，到出去做现场直播，还是马拉松赛道现场直播，我可以想象对这些同事的心理冲击。好在视频团队负责人庆文是条汉子，毅然决然地接受了任务。我们的直播首秀，选在温江半程马拉松赛道上。赛前一周，庆文早早带着团队到达成都温江，现场走路线、测试信号、调试设备。然而周四晚上，我接到庆文忧心忡忡的电话：

"直播不行，总有信号断点，不连贯。"

"在电视台，直播出现断点，属于重大播出事故，负责人要'下课'的。"

"我负责直播……"

"可我们是鱼店呀！"我是这样回复他的。

我当时计划准备两套直播设备，一套设在赛道上，一套设在终点，万一出现直播断点，就切换到终点的机位，找人顶上。尽管如此，我还是周五一早就赶到成都，下午带队去温江测赛道。我们一行六人，两台车行进在温江半程马拉松的赛道上。温江半程马拉松赛道大部分在省道上，折返点在温江地界边缘，可以远眺都江堰，风景如画，信号如渣。我在车里一直注视着直播信号传输情况。果然，在12公里折返点附近，直播信号掉了。我们把车停在路边，下车环顾四周，除了都江堰的影影绰绰，不远处清晰可见一个信号发射塔，可是在发射塔下面的4G背包愣是没信号。我拿出我的联通手机，信号满格，心中顿时有了答案。这套4G背包使用的是中国移动的卡，用中国移动的信号网络传送视频，如果再加一个4G背包插上中国联通的卡，到中国移动信号弱的地方就换成中国联通卡4G背包。问题迎刃而解。

在周日举行的温江半程马拉松圆满结束。新浪体育在温江开创4G背包直播马拉松赛事先河。紧接着的舟山群岛马拉松，哈尔滨半程马拉松等众多赛事，新浪体育提供了全程赛事直播服务，2个固定机位，4个移动机位，包括赛后集锦、舟山美食节目等，一共收费150万元，还打包送微博话题、热搜等一系列操作，声名鹊起。到了2018年，双套手持摄像加4G背包成了马拉松赛事互联网直播标配。直播报价从150万元迅速跌落到20万元，但新浪体育以更快的速度退出了马拉松直播竞争，专注于

第 4 章　品质是赛事商业价值的基础

新浪体育自有赛事——三人制篮球、五人制足球、冰球、马术、击剑等赛事的直播服务。

从创新马拉松直播到赛事直播业务成功开启，证明了只要善于学习，苦心研究，"门外汉"也能领导体育业务。

> **赛事金矿贴士**
>
> 其实很多职业经理人、资深人士在转换赛道时都会成为门外汉，毕竟隔行如隔山。但面对飞速发展的中国经济和日新月异的互联网技术，"所有行业都将被互联网重新洗牌"，不变的永远是"变化"。转换赛道的底气是学习的心态和能力，加上业务逻辑和商业基础，他山之石可以攻玉。

2017 年第三个赛季，25 个办赛城市，6 400 支球队参与，黄金联赛真火了。随着赛事直播的加持，全网传播火力全开。新浪体育两位资深篮球记者利用 CBA 赛期空当，多次参与赛事报道。新浪网，微博几十个体育大账号，加上合作媒体网易、搜狐、腾讯、央视网、人民网、新华网等的报道，黄金联赛开始步入拥有百亿浏览量的传播时代。

2016 年，随着黄金联赛在全国落地开花，办赛的压力也逐渐增加。我开始接触各地的篮球协会，寻求合作机会，探讨各地篮球协会来协办黄金联赛的可能性。在和几个地方的篮球协会认真探讨后，发现大家的一些办赛思路和理念难以融合，我决定另辟蹊径。

2017 年黄金联赛西安站总决赛在西安大唐民俗园举行，时任陕西省体育局的董利副局长亲临现场观赛，并邀请了陕西省篮球协会领导一起到场。从 2017 赛季开始，黄金联赛的垫场赛就开始加入街舞和啦啦操比赛。

尤其是街舞比赛，在各地赛场都获得追捧。董局长特别问我："为什么在篮球比赛中放街舞？"我说："街舞和三人制篮球一样，都是年轻人喜爱的运动，街舞的表演和比赛能给篮球赛事增加内容和传播素材。大众赛事比赛目的不是比输赢，而是通过比赛和活动，推广体育运动。"

2016赛季结束后，我们把赛事传播正式纳入赛事手册。高品质的赛事、精彩纷呈的节目、互联网化的传播，让黄金联赛有底气叩响更多赞助商的大门。

品质保障是好赛事的开始，但好赛事离成功还有多远？

第5章
如何打造赛事影响力

洞察力是一个成功者的必要特质。

——摘编自《勒布朗·詹姆斯的商业帝国》

广覆盖,让赛事叫好又叫座

实现商业变现的前提是让赛事拥有绝对和相对的影响力。赛事相对影响力容易理解,一项篮球比赛和其他篮球比赛相比,大众参与数量、赛事品质、媒体宣传、品牌曝光,比较起来一目了然。赛事绝对影响力,就要拿一项赛事和其他所有群体大众赛事相比,从赛事品质、规模、城市覆盖率、参与人数到比赛场次,看看哪项赛事能拔得头筹。任何大众赛事,如果能覆盖全国34个省级行政区域,赛事所承载的品牌信息能随着比赛让23个省、5个自治区、4个直辖市和2个特别行政区都看到,赛事就有绝对的影响力;当赛事能够深入200个GDP超千亿元的市、县、区,赛事的绝对影响力就能成为提升获得数千万级赞助的议价能力;当赛事在覆盖广度上提频,增加比赛频率成为高频发生事件,赛事的影响力就能价值连城。

> **黄金定理二** ｜ 赛事覆盖广度和频次决定大众赛事影响力。

赛事覆盖广度的扩大,是水滴石穿的过程。而在赛事实现规模覆盖,达成一定影响力之前的商业赞助,就要拼人品、碰运气了。

2015年首届黄金联赛从8月持续到10月,3个月完成9个城市的比赛。伊森通过关系找到361°赞助了一部分比赛服。报名参赛就能拿到361°比赛服,这成为赛事为数不多的亮点。因为没有任何报道,我一直觉得亏欠了黄金联赛第一个"非官方"赞助商——361°。

2016赛季的赛事计划是15个城市不少于1 920支球队参与。当时计划每个城市128支球队参赛,经过8轮淘汰赛就能决出城市赛冠军。以三人制篮球标配4人一队算,2016年将有1万名选手参与黄金联赛,这是一个新标杆。黄金联赛形成赛事覆盖的初级规模。拿着2016赛季办赛计划、2017年预想和2018年展望,我们幸运地签约了匹克体育,使它成为黄金联赛2016赛季到2018赛季赞助商。从2016赛季开始,每站比赛的选手都穿着匹克比赛服,赛区决赛队伍都有匹克篮球鞋,场面整齐,十分风光。

2016赛季我们向匹克体育交出了15个城市,2 740支参赛队,线上传播量全部超过KPI 50%的成绩。而CCTV-5首次为这场业余大众赛事总决赛进行了直播，赛事已经达到相对领先的影响力。到了2017赛季，25个城市、6 400支球队、2.5万名选手参与的黄金联赛已成为中国最大规模的篮球赛事。CCTV-5体育频道如约而至，进行了80分钟的电视转播，再次呈现了黄金联赛总决赛的精彩。2018赛季开始前，我们提出了更加宏伟的新目标——"打造全球最大三人制篮球赛事"。我们把全国分成32个赛区，在82个城市办赛，并落地中国香港和澳门。赛事还开辟了位于菲律宾马尼拉的海外赛场，目标参赛球队超过1.6万支，参赛人数提升至6.4万。黄金联赛在赛事覆盖上初具规模。

2016赛季，15个城市的赛事迎来联想ZUK手机冠名赞助；2017赛季，25个城市的赛事具有相对领先的影响力，就有了麦当劳的加持；2018赛季具有82座城市的覆盖广度，为黄金联赛赢得汽车品牌的赞助，赞助金额也第一次达到千万元的级别。2019赛季，150个城市办赛的目标全部实现，赛事获得绝对影响力，赛事赞助额达到5 000万元，离亿元不远，也不近。

高频比赛，升级赛事影响力

黄金联赛赛事商业价值的飞跃，要遵循"实现赛事影响力覆盖广和赛事高频"的原则。

2017年底，黄金联赛来到了分水岭。"红衣教主"周鸿祎曾经给出好产品定律：刚需、痛点和高频。黄金联赛面对年轻人打球的刚需，解决没有比赛提升战力、没得吹嘘和自我陶醉的痛点，但是，黄金联赛需要"提频"。微信的成功是基于即时消息（instant messaging，IM），在即时消息的功能上增加了社交、支付、购物等一系列的应用，但核心是微信使用的高频。黄金联赛如果能是一项每天都能参与的赛事，就像体育领域的微信，其商业价值就远远超过一众职业赛事了。

为了"提频"的终极目标，我开始构建黄金联赛的高频赛事——黄金联赛积分赛（Sina Points Game，SPG）。打过篮球的年轻人都知道，打篮球和打游戏一样，是没有时间限制的。如果你是上海 Kings 队的秦老板，拥有一个篮球馆，你开始打球的时间就可能是凌晨 4 点，有一丝亮光的球场就是篮球爱好者的竞技场。大部分球友因为身高、体重和天赋的限制，无法进入黄金联赛的城市决赛，而这些都不能阻挡他们执着的篮球梦，他们为篮球而生。

如果能有一种赛事机制，让篮球爱好者每天都可以比赛，每天比赛都可以累积分数，积分越多就越有机会参与更高水平的比赛，不为胜负，只为参与。黄金联赛积分赛的初衷就是让篮球爱好者每天都能比赛，参与的次数越多，在黄金联赛的赛程中就能走得越远。每参与一场比赛积 1 分，赢一场比赛积 3 分。勤能补拙，天道酬勤。积分赛让每次打球有氛围，让每个进球有意义，让每次参与有回报。

2018 赛季在部分城市试行了黄金联赛积分赛。积分赛一经推出，就受到了热捧。赛事常态化运作给每一位篮球发烧友提供了绽放的舞台，增加了篮球爱好者接触赛事的机会。根据赛制规划，积分赛比赛周期为 6～9 个月，每周末在黄金联赛的场地进行。无论是从时间维度还是从地缘维度来看，积分赛辐射的人群都更广，比赛密度更高。只要参赛者愿意，积分赛就可以填满他们全年的时间表。

2019 赛季，结合黄金联赛竞赛场地、运动保险和积分赛报名系统等一系列配套体系，积分赛在近 20 个城市落地。积分赛于每个周末进行，根据各地不同的赛程安排，每支球队每周最多能够选择 18～24 场比赛。

按打满 9 个月、36 个周末的比赛来预估，每个城市周末将有 64 支队伍可以比赛，256 人参与。如果一年每个城市有 128 支球队参与，20 个城市 2 560 支球队参与，就会有超过 1 万名队员参赛；如果每个城市参赛队伍达到 200 支，每年就有 1.6 万人参与。打球的机会多了，球队就会得到锻炼、提升。赢球多排名高，也能代表其水平和能力。每年积分赛积分最高的两支球队，将自动锁定下一年黄金联赛本赛区的 32 强名额。

积分赛是由赛事合作伙伴在商超的比赛场地，即在后来的"黄金主场"组织、运作的。而黄金联赛一半的参赛选手是大学生，他们所在的校园一样可以开展高频赛事。而且早期黄金联赛的预赛为控制成本和便于管理，都是在各地大学校园里进行的。2018 年，覆盖大学校园的黄金联赛校园赛（Sina Golden Campus，SGC）和积分赛一起开始试点，迅速风靡校园。减去寒假、暑假、期中和期末考试的时间，校园赛一年可以执行 6 个多月，25 个比赛周。

2019 年黄金联赛校园赛的计划是覆盖 100 所高校，比赛在春季和秋季的周末进行，避开期中和期末考试时间。2019 年黄金联赛校园赛覆盖全国 16 个赛区，近 50 所高校：福建 4 所、重庆和广东 7 所、湖北 6 所、天津和河北 2 所、江西 2 所、北京和广西 2 所、安徽 3 所、青海和陕西 5 所、山东 3 所、黑龙江 5 所、湖南 5 所、四川 4 所。如果每所高校以平均 128 支球队参赛，将有约 2.6 万名学生参与。每个赛区年度积分最高的两支球队，将自动锁定下一赛季黄金联赛赛区 32 强名额。

2019 年积分赛计划落地 20 个城市，校园赛进入 16 个赛区。按照计划，2020 年黄金联赛高频赛事积分赛和校园赛能覆盖到 150 座城市。积分赛参与人员数量将达到 12 万以上，加上在 500 所高校举办校园赛，26 万学生参与，共计 38 万人参与的篮球赛事，这一定能创造吉尼斯世界纪录。更令人鼓舞的是，38万人参与25～36周的高频赛事，使得和赛事相关的品牌，甚至与之相关一切都具有无与伦比的曝光度。对于全国3 012所高校、663个城市、1 300多个县而言，积分赛和校园赛的发展潜力无限。

由于比赛场数众多，参与赛事的人数量庞大且不固定，高频赛事的商业价值无法像互联网线上曝光的价值一样可以科学计算，但参与高频赛事的人和互联网平台的客户有一定相似性，这些人对赛事（互联网平台）关注度高，经常参与赛事（访问），有消费机会。以2019年互联网平台的获客成本为参照，搜索引擎百度获客成本为200元、快手88元、京东390元、拼多多160元、美团375元，简单计算以上各平台的平均获客成本为240元。高频赛事参与者的价值如果等同其被获取成本，即获客成本240元，38万人参与的高频赛事商业价值达9 120万元。

而这一庞大数字将进一步加深黄金联赛在全国的辐射广度及赛事影响力，同时也将切实带动更广泛人群参与体育活动。如果能让黄金联赛覆盖3 000所高校，1 300多个县，其影响力就能登峰造极。

如何创建自己的赛制

高频比赛让参赛者有充分的机会历练，也让赛事有充分的曝光，既能提升赛事水平，又能提升赛事商业价值；赛事的上升通道会不断提升赛事质量，增加赛事的观赏度和传播性；赛事的覆盖广度能让赛事带着品牌走遍神州大地。一个融合了高频、广覆盖和上升通道的赛事体系，就有机会进入亿元赞助费的赛事俱乐部（如图5-1）。

几十年前，当我还是一名高中生时，我与同学代表自己的学校参加了北京市海淀区中学生篮球联赛，一路过关斩将，硬生生把全市升学率排名

第 5 章　如何打造赛事影响力

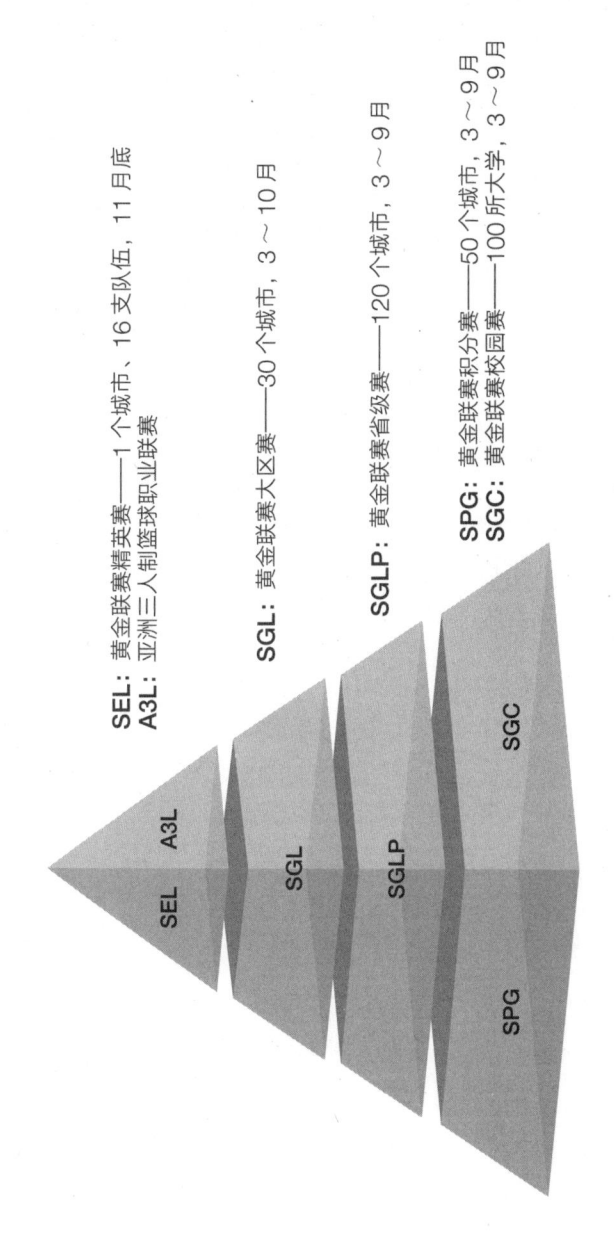

SEL: 黄金联赛精英赛——1 个城市，16 支队伍，11 月底
A3L: 亚洲三人制篮球职业联赛
SGL: 黄金联赛大区赛——30 个城市，3~10 月
SGLP: 黄金联赛省级赛——120 个城市，3~9 月
SPG: 黄金联赛积分赛——50 个城市，3~9 月
SGC: 黄金联赛校园赛——100 所大学，3~9 月

图 5-1　2019 年黄金联赛赛事体系

赛事金矿　Fire the Game

500 以后的永定路中学送进了海淀区中学生篮球联赛前 4 名。拿到了第 4 名的傲人成绩后，我们就有资格继续参加北京市中学生篮球联赛。

在北京一个秋风瑟瑟的午后，我们坐了好几站地铁，转了两次公交，来到西城区一所学校的篮球场进行比赛。热身时一看对手，竟是交过手的北大附中。这不还是一场海淀区的比赛吗？为啥跑这么远？事后多年我才明白，海淀区是北京教育大户和体育大户，学校多，篮球水平高，海淀区中学生篮球联赛前 4 名，基本就是北京市中学生篮球联赛的八强[①]。

北大附中时任中锋身高 1.98 米，我们的中锋（这一役之后我们改叫双中锋）一位 1.82 米，另一位自称 1.85 米。比赛一开始，北大附中竟然派出二线队员和我们交手，比赛进行 10 分钟后我们领先了 15 分，然后是暂停，使用 5 换 5 方案[②]，再就没有然后了。我就此理解了赛会制比赛。我所参加过的赛事，赛程、赛制、竞赛规则、晋级规则都已经确定，多年一致。但是，你可曾想过，创建自己的赛制？我们可以在网上搜索到两种常见赛制的定义：

> 赛会制就是挑选一个有资格，或者公正，或者中立，或者合适的地点进行比赛，而不是在参赛队的主场或客场进行，比如各种世界杯赛、欧洲杯赛等。
> 主客场赛制是不同于赛会制的比赛，相对于比赛双方作战地点的描述方法，主场即一支运动队在自己所在的地区与其他队伍进行比赛，反之在对方的球场打球就叫作客场。另有足球比赛规

[①] 2021 年北京市有 667 所普通中学，数据来源为北京市教委《2021—2022 学年度北京教育事业发展统计概况》。
[②] 5 换 5 方案就是用一线首发的 5 名球员替换实力不济的二线球员。——编者注

则主客场制，主场客场各有优势。

黄金联赛从创立伊始，采用的就是赛会制。无论是办赛成本还是参赛成本而言，赛会制都是最可行的比赛方式。

黄金联赛的赛事体系建设是从金字塔的中段黄金联赛大区赛（Sina Golden League，SGL）开始的。从2015年首届比赛到2017年的第三届比赛，黄金联赛都是在省会城市和直辖市展开的。从2018赛季开始，为了增加赛事的地区覆盖度，我们向下发展了黄金联赛省级赛（Sina Golden League Province，SGLP）。为了给比赛提频，使比赛成为高频赛事，我们开发了黄金联赛的两项底层赛事，分别是黄金联赛积分赛和黄金联赛校园赛。而为赛事增加含金量开发了黄金联赛精英赛（Sina Elite League，SEL），在2019年催化出亚洲三人制篮球职业联赛（Asia 3×3 League，A3L）的构想。

黄金联赛省级赛的运作以四川省为例，到2018年赛事合作伙伴德瑞克已经把比赛办到四川省的10个地级市。在绵阳、资阳、德阳、阿坝州等地市进行黄金联赛省级赛的比赛，10个城市的冠军队在2018年10月来到四川省省会成都，加上前几届的冠军队和外卡队，以及成都赛区的32强组成48支赛区决赛队，经过抽签分组，进行黄金联赛的赛区决赛。在地市比赛中未能夺冠的球队也可以自行到成都报名，参加成都赛区的比赛，与参加预赛的128支球队进行比赛，如果能杀出重围，也可以进入赛区决赛。

而在举办高频底层积分赛和校园赛的城市，每项赛事的积分前两名队伍将自动晋级在该城市举办的黄金联赛省级赛的决赛，和地市的32强组成36支地市赛事决赛队伍，经过抽签，分组厮杀，争夺进入赛区黄金联赛大区赛比赛的决赛门票。赢得在30个省会和直辖市举办的黄金联赛大区赛决赛冠军的30支队伍，就有资格于年底来到北京，和往届冠军队、外卡球队组成36支决赛队，参加黄金联赛大区赛的全国总决赛。我们为积分赛、校园赛、省级赛、精英赛都申请了FIBA 3×3比赛国际积分。

遗憾的是，在2019年之后的赛季，新浪体育没有继续推广积分赛和校园赛赛制，失去了让黄金联赛赛事商业价值进入亿元俱乐部的根基。但2019年5 000万元量级的赞助费用，已经验证了赛事实现价值和变现的定理：赛事覆盖广度和高频比赛是大众赛事的变现法则。而当年开发的黄金联赛四级赛制，开创了大众赛事的先河。

创造一个新赛制，圆了我年少时的梦想。人，要有梦想，万一实现了呢……

高频、广覆盖、高品质的赛事和创新的赛制能产生无与伦比的影响力，而影响力又如何换算成商业价值呢？

◎ 2018年3x3黄金联赛精英赛，蒙古国队对战塞尔维亚立曼队。

◎ 公正称职的裁判控制比赛节奏，维持赛场秩序。

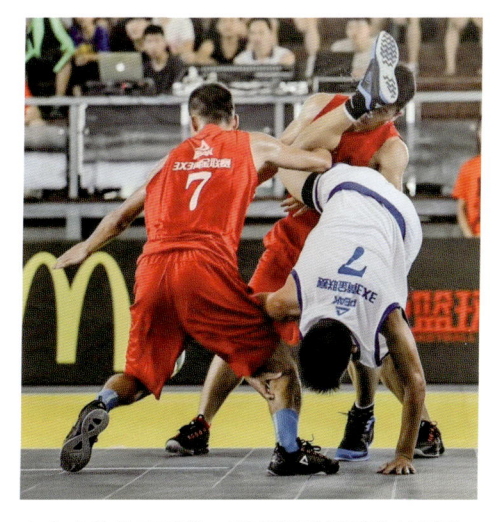

◎ 安全的比赛硬件，降低运动员受伤的风险。

◎ 2018 年 3x3 黄金联赛全国总决赛现场。（华熙国际北京五棵松体育馆）

◎ 2018 年 3x3 黄金联赛冠名赞助商海马汽车。

◎ 2018 年黄金联赛顶级赞助商匹克体育代言人德怀特·霍华德（右）。

◎ 2018 年 3x3 黄金联赛黄金导师巴特尔（左）。

◎ 2019 年 3x3 黄金联赛使用 FIBA 认证的英利奥地板。

◎ 2019 年 3x3 黄金联赛合作伙伴大会（从 2016 年开始，每年都组织合作伙伴大会）。

◎南京中海环宇城黄金主场挂牌。

1 | 2
　| 3
　| 4

◎可以用于比赛和培训的黄金主场：图2为合肥商之都黄金主场，图3、图4是四川阿坝州红原的黄金主场。

◎赛事周边的商业展位：图1、图2为乔丹体育在赛场周边的展卖区，图3是TCL在赛场周边的展示订货区。

◎赛事周边的商业展位：图4、图5为"康师傅"在赛场周边的售卖小屋。

◎黄金联赛和电影的联合推广，让黄金联赛火遍全国。

◎ 2018年足金联赛冠名赞助商东风汽车及Joma（荷马）。

◎ 2018"新浪杯"未来之星马术大赛赛事代言人华天（左三）。

第 6 章
如何计算赛事商业价值

> Life style,中文翻译成"生活方式",日语翻译成"文化"。文化,其实就是人们如何生活,住什么地方、穿什么、戴什么、吃什么、说什么、看什么。你给人们看短视频、玩游戏,和鼓励人们去阅读、去思考,都是在深刻影响人们的生活方式,影响文化。
>
> ——摘编自《茑屋经营哲学》

在新浪体育工作近 5 年,无数次遇到客户、合作伙伴、员工问:"怎么计算赛事的商业价值?""怎么给客户报价?"无论是世界杯报道、巴西奥运会专题,还是新浪体育自有赛事黄金联赛,都逃不过这类问题。2016 年和匹克签约时,还没有赛事商业价值的计算公式,但当时双方签订的 KPI 已经包括了线上传播的各种考核:UV、网页内容曝光次数(以下简称"PV")、视频有效播放量(以下简称"VV"),缺少的是线上销售和线下展示的价值。回顾 2016 年黄金联赛的价值,如果没有赛事媒体矩阵,尤其是 CCTV-5 的总决赛直播的传统媒体传播价值,我就真没办法向许志华老板交差了。

> **黄金定理三**
>
> 赛事商业价值 = ATL + BTL + PM =
> (CPMp · XK + CPMv · YK + LCR)
> + (P · D · N) + PM

赛事商业价值主要由几个部分构成：

- 赛事线上传播价值（above the Line，ATL）
- 赛事线下展示价值（below the Line，BTL）
- 传统媒体传播价值（Paid Media，PM）

其他难以计算的赛事商业价值包括赛事渠道客户价值、赛事企业内部价值、赛事的精神价值。

赛事商业价值 = 线上传播价值 + 线下展示价值 + 传统媒体传播价值 =〔网页千次曝光成本 × 曝光量（千次）+ 视频千次曝光成本 × 播放量（千次）+ 直播带货销售额〕+（商场展示单价 × 展示天数 × 商超数量）+ 传统媒体传播价值

Game Value = ATL + BTL + PM = (CPMp · XK + CPMv · YK + LCR) + (P · D · N) + PM

CPMp：网页千次曝光成本
X：曝光量，以千次为单位
K：千次
CPMv：视频千次播放成本
Y：播放量，以千次为单位

LCR：直播带货销售额
P：商场展示单价
D：展示天数
N：商超数量

赛事线上传播价值

传统体育人大多不重视也不理解赛事线上传播的商业价值。我看过太多赛事，举办方从地方体育局、体委、体协到企业和个人，办赛事拍个照片，在报纸上发个"豆腐块"，内部刊物报道一下完事。近年来大部分体育人开始"充分利用"互联网媒体，发个微信朋友圈，发个几百阅读量的微博，在新浪、网易、腾讯、搜狐，在人民网、新华网等网站上一挂，就自鸣得意地吹嘘利用互联网媒体做传播了，完全不理解互联网传播价值逻辑，不知道如何创造和计算线上传播商业价值。

简单来说，线上传播以 UV、PV、VV 为线上传播核心。而不同网站 UV、PV、VV 的价值也不相同。一个汽车专业网站上的 UV 远比一个新闻网站的 UV 价值高，因为关注汽车的用户可能带来的购买价值和一个看新闻的网友截然不同。付费网站，尤其是付费视频网站的 UV 和 PV 的价值也高于普通的新闻类网站。

手机 WAP 网站和 App 上述数据价值相近，只是 App 的阅读体验一般来说更好。

计算赛事线上传播价值，就不得不老生常谈地说说 CPM 和 VV 这两个存在了近 20 年的互联网广告价值体系。CPM 指的是在线上展示 1 000 次的广告收费价格，普通横幅广告 CPM 一般在 1 元到 6 元之间，也就是说，横幅广告广告曝光 1 000 次的价格是 1～6 元。大部分互联网广告投放都是实时竞价模式，所以才有了从 1～6 元的价格区间。互联网展示广告的单位价值 CPM 和展示的产品品类、产品和服务单价有关，和展示的时间、方式、承载内容关系不大。换句话说，让 1 000 人看到一瓶可乐的广告，恐怕只值 1 元，但让 1 000 人看到汽车广告的价值就大于 1 元，

049

前提是广告的曝光换来固定比例的点击，成为销售线索，最终得以成交。一瓶可乐的价格和一辆车的价格不同，这个都懂。

黄金联赛得益于新浪网和微博两大互联网平台支持，与生俱来拥有互联网基因。从第二个赛季开始，我们就着手打造黄金联赛的互联网价值。在充分利用新浪网和微博传播平台的同时，从 2016 赛季开始，我们主动联系腾讯、网易、搜狐、凤凰等门户网站，提供最优质的图文和视频内容，内容质量甚至超过新浪 WAP 网站和新浪体育 App。这些优质内容迅速在各大网站上形成并积累流量和粉丝。我们也积极和人民网、新华网等一线互联网央媒保持沟通，让黄金联赛内容能在多个渠道和不同的读者见面。而 2016 年开始的年度媒体会，在经历了"蜡笔小新"的尴尬之后，取得了很好的传播效果，获得业界肯定。

黄金联赛早期赞助商包括联想 ZUK 手机、麦当劳、匹克体育、海马汽车。对黄金联赛 CPM 定价，我选了中值，3 元 /CPM，这里指的 CPM 是带有赞助商品牌的内容曝光。一般来说，在微博话题中是不能带有品牌名称的，但当年的黄金联赛可以，例如曾经的微博话题"海马汽车黄金联赛"。别问我为什么可以，也别问是怎么做到的。答案，估计只有微博老板王高飞知道。

另外一个价值体系是 VV 的价值。短视频广告价格和视频内容的质量、传播度息息相关，价格千差万别，每千次曝光从 30 元到 300 元不等。而每千次曝光 30 元的成本基本就是现在微信信息流广告价格了，就是你在朋友圈能刷到的那些往往令人厌烦的广告。黄金联赛视频播放量的千次曝光价格我按照 50 元 /CPM 计算。

所以按此简单地计算 2016 赛季黄金联赛的市场价值，整个赛季 20

亿微博话题曝光量（200万个千次），6 000万视频播放量（6万个千次），计算公式如下：

曝光量价值：3元/千次×2M千次=600万元（M：million 百万）

视频量价值：50元/千次×60K千次=300万元（K：kilo 千）

赛季新浪网和微博线上展示价值就达到900万元，加上另外十几个互联网平台的传播，黄金联赛2016赛季线上传播价值超过1 000万元。面对无论是出资500万元的匹克，还是出资近1 000万元的海马汽车，单从互联网传播价值看，黄金联赛都是一个物超所值的传播项目。

直播带货

直播带货是这两年兴起的一种传播和销售的混合形式。直播带货不仅是销售过程，还是一个产品传播的过程。但其中的风险很大，"翻车"概率也不低。一个好的直播带货主播能清晰地宣传产品价值，树立品牌形象并利用各种技巧，例如，自掏腰包打折、请明星大腕打折等手段，以较低价格售出原本相对高价的产品。而各大直播平台的7天无理由退货规则，又支持了这种冲动性消费。其实各大直播带货平台退货率常年在20%～40%，远高于京东、天猫等电商平台。

直播带货和其他电商销售的基本逻辑相同，但在对品牌生产能力要求上有重大飞跃。在线上实现销售的目的如果只是销量，就大大降低了电商业务模式的价值，是捧着金饭碗要饭。电商销售的线上环节可以获取大量消费数据，将消费全流程（选货、下单、付款方式、交付方式、退货等）数据化，就能通过大数据进行分析、深度学习，支撑业务决策。

在直播带货过程中，往往会形成众多单品小量但快速交付的需求，或者一个单品在短时间之内的海量订单，这需要品牌商具备弹性供应链的生产和交付能力。而品牌商在参与直播带货前需要对其全业务流程进行数字化改造和升级。只有对产品设计、原料采购、生产加工、渠道和门店铺货的全流程进行数据化升级，让产品上新的效率提升，上新起订量下降，频次增加，并同时具备新品快速上量能力，才能应对直播带货中出现的各种意外和可能出现的大型"翻车"现场。

由于直播带货是对品牌商更高的数字化需求，可以产生消费大数据，并将品牌宣传和售卖集合在一起，所以在赛事商业价值计算中，我们直接把直播带货的销售额计算成价值。

2019赛季，黄金联赛迎来千万元现金赞助、2 500万元装备赞助的乔丹体育。在签约乔丹体育的过程中，我第一次承诺了赛事带货目标：黄金联赛相关装备线上销售额800万元。这个由我个人签字的带货承诺（新浪不做销售承诺），由于受到乔丹体育的官网和销售网站建设、售卖App上线等众多因素影响，最后只完成了大约650万元（按500万元线上销售计算）的销售目标，但开创了赛事推动产品售卖的先河。

赛事线下展示价值

在考虑赛事线下展示价值时，办赛地点很讲究。之前，体育赛事都是在体育中心、体育馆举行。在黄金联赛创办早期，团队也申请过在体育馆办赛。四川的合作公司老板毕业于四川师范大学，于是在学校体育馆办黄金联赛也就顺理成章。但是在其他城市办赛，体育馆办赛费用一点不低，基本按照团体打球费用租赁。在办赛成本考虑之外更需要思考的是，在体育馆办赛，办给谁看？如何宣传？大众体育赛事不同于专业赛事，专业赛事大多有较高观赏性，可以把球迷吸引到体育场观赛。但在我看来，即使是专业赛事，如果有可能在商业中心办赛，其商业价值也一定会超过在体育场馆办赛。

黄金联赛从2017赛季开始，办赛场地便成规模地突破了核心商圈的购物中心。我每到一个城市，都会和合作伙伴一起拜访当地大商场，从融创茂、万达广场、大悦城，到扬州三盛、武汉奥园、合肥商之都、呼和浩特万悦城。我知道每拿下一个购物中心，黄金联赛的价值就能在当地上一个台阶。

2016年前后，以体量10万平方米的购物中心为例，一个周末的静态展示（搭建展位，品牌露出，有营销人员在场）报价是每两天6万～10万元。2016赛季，15个办赛城市中，有5个城市赛区决赛在购物中心举办，创造的商业价值是30万～50万元。2017赛季，25个办赛城市中，商超办赛超过10个。2018赛季，83个办赛城市中，在商超举办赛事的城市达到近60个，带来的赛事线下展示价值达到600万元。

传统媒体传播价值

一般而言，传统媒体指的是品牌可以花钱购买广告的付费媒体，例如电视、报纸、广播、户外等，还有自有媒体（Owned Media），比如企业官网、官微，以及口碑媒体（Earned Media），即一种利用消费者的口碑传播的形式，这些共称品牌营销的"三驾马车"。

与很多传播平台和手段不同，赛事即内容，比赛在传统媒体方面，尤其电视媒体的传播是内容传播。但赛事本身所承载的品牌视觉信息丰富，像球衣上的品牌标识、场地内的品牌广告，冠名活动例如"康师傅斗牛赛"、"海马"扣篮大赛等,能够在比赛内容播出的同时取得品牌传播效果。一场总决赛比赛的时长是 80～100 分钟,尽管品牌曝光度不如广告,但视觉露出频次和时长都远超广告,具备商业价值。在此我们把播放比赛画面、承载品牌信息的媒体(尤其是电视媒体)归类到传统媒体传播价值中来计算赛事的商业价值。

从 2016 赛季开始,CCTV-5 连续 3 年转播新浪黄金联赛总决赛。时长 60～80 分钟的赛事转播,每次播出的商业价值以亿元计。从 2016 赛季开始,每个赛季我都告诉黄金联赛赞助商,我们可能会得到 CCTV-5 的支持。央视转播一项大众参与的篮球赛事,在当时没有先例,于是我总会听到这样一些声音:

"你开玩笑吧!"
"自我陶醉有点严重啊!"
"你爸是李刚呀!"

听多了善意的调侃,我就习以为常了。然而从 2016 年开始连续三个赛季,CCTV-5 都如期而至,以央视的使命感和 CCTV-5 的责任感,助推黄金联赛这项大众参与的赛事成长,助力群众体育赛事发展。感谢把推广体育运动、支持大众体育发展作为己任的历任 CCTV-5 的总监、副总监、导演、编导,以及每一位支持黄金联赛的央视工作人员,没有你们的支持和付出,就没有今天中国三人制篮球运动的普及和发展。

CCTV-5 的直播和转播报道,彻底扭转了"自办赛事活动开局不利"的局面。

第6章　如何计算赛事商业价值

> **赛事金矿贴士**
>
> 任何企业都会碰到新业务、新项目在成长过程中的困境。标新立异有时需要公司内部推动：大老板支持，关键决策者赏识；有时需要外部认可：市场推崇、舆论支持，客户认同。在项目真正盈利，获得成功之前，需要找到"成功推手"，给自己和团队机会、时间、信心。

从 2016 赛季开始，以央视为代表的传统媒体给予了黄金联赛无私的支持。同年，北京电视台体育频道、上海五星体育、广东电视台体育频道都开始对黄金联赛进行报道或转播。为了便于计算赛事的传统媒体传播价值，我以 1 000 万元为起点。随着媒体传播矩阵的建立，从 2017 赛季开始，新华网、人民网、中央人民广播电台、《中国周刊》、《北京日报》、《北京晚报》、《解放军报》、《法制晚报》、《中国体育报》、《北京青年报》等纷纷参与黄金联赛的宣传和报道。到 2019 赛季，黄金联赛吸引了 6 家电视台，3 家广播电台，50 家媒体进行报道，在此我低调地计算出约 2 000 万元的传播价值。

其他难以计算的赛事商业价值

2019 年签约伊始，乔丹体育急于拓展全国市场。而覆盖 32 个赛区、150 个城市赛场的黄金联赛，成了乔丹体育拓展门店、签约合作伙伴的敲门砖。黄金联赛合肥赛区比赛安排在融创茂，这是个拥有 40 万平方米建筑面积的大型购物中心，其前身是万达茂。在 2019 年那次世纪大甩卖中，万达集团创始人王健林忍痛将 70 多个万达酒店和近 20 个体量超过 20 万平方米的万达茂悉数抛售，成就了日后全球最大奢华酒店业主的富力地产。与合肥融创茂的合作以我亲自拜访于总经理开始，当时，我和黄金联赛安徽省的合作伙伴一同前往融创茂总经理办公室，与于总会面。会议准时开始，我们介绍了第四个赛季的黄金联赛的规模、价值、带来的客流和可能的经济效益。于总在会上提了若干问题，我竟然一时恍惚，以为自己在和一位体育同行交流赛事运营。在愉快且高效的沟通后，我们敲定赛事时间，以及需要融创茂提供的场地、安保、宣传等各种需求。

"能让乔丹体育在融创茂开店吗？"我在起身离开前提出最后一个需求，尽管乔丹体育的合作伙伴没有正式要求过黄金联赛能提供开店的便利。"可以呀，价格也可以优惠，我们有责任支持大众体育赛事。"

合肥赛区总决赛当天，乔丹体育组织了 200 人观赛团。每个人都穿着乔丹体育 T 恤，我无法辨别他们是乔丹体育的渠道合作伙伴、供应商、门店员工，还是企业客户，但每位到场的乔丹体育拥趸都度过了一个难忘的周末。如果乔丹体育借助黄金联赛拿下了融创茂店面，发展了新渠道，赢得了新的合作伙伴，我不另外收费了。

2019 年，我碰到在广东办五人制足球联赛、粤超联赛的刘老师。经过多年耕耘，粤超联赛已经有了一定规模，也有几个不固定的赞助商，而推广五人制足球联赛是刘老师的情怀，能一直坚持，实属不易。和刘老师交流时，他对新浪五人制足球联赛足金联赛的赞助商羡慕不已。从 2016 年第一个赛季起，新浪足金联赛就有西班牙知名运动品牌 Joma（荷马）全程赞助，第二年更趁着足球世界杯迎来雅迪电动车、东方风神的赞助，之后又有了奇瑞汽车的赞助。"因为你们是新浪，所以得到赞助很容易呀。"我承认新浪的销售体系很强大，尤其是汽车销售团队负责人杨总，他也是体育迷，每周都会打篮球，对推广新浪体育自有赛事厥功至伟。但商业赞助要能体现商业回报，如果做到这一点谁办赛都能获得一样的赞助。从 2016 赛季开始，新浪足金联赛就一直试图在商超外场办赛。理由很简单，商超和其他的公共场所不同，商超客流大部分由潜在消费者构成，有明确的消费需求：购物、观影、用餐、玩剧本杀，来商超就是来消费的。如果能在这些目的性很强的消费者面前展示产品，从运动服装、饮料、手机到电动车，就会给品牌带来更多的成交机会，增加被消费者认识和形成好感的可能性。

对场地面积要求低的商业赛事，如三人制篮球、五人制足球、击剑、攀岩、智力运动等都能在商超办赛，加上适当的宣传和推广，拿下赞助只是时间问题。这些看似简单的线下赛事商业价值逻辑，很难被体育人接受。2018 年夏天，足金联赛来到重庆，我们的办赛地点选在一个商超外场。夏季的重庆酷热难耐，原本下午 4 点开始的比赛因为 39℃的高温，不得不推迟到晚上 6 点才开赛。赛前我和重庆体育产业协会的几位负责人沟通办赛理念，他们不能理解为什么不在有空调的体育馆办赛，参赛的舒服，办赛的也舒服。我认真解释了赛事线下展示价值积累逻辑和商超对赛事商业价值的影响，但没有引起共鸣。而赛场上，高温丝毫不能影响重庆汉子的球技发挥，比赛异常激烈。尽管当晚现场座位上观赛群众不多，但在直播平台上，比赛依旧受到热捧。而且很多人把车停在了赛场周边，从车窗探出头欣赏比赛。赛后商超一层的火锅餐厅基本被比赛球员包场，加时赛一个痛快淋漓的啤酒大战。我在场边一遍擦汗一边想，明年，一定要在冬天来重庆办赛。

在 2018 年签约海马汽车时，我曾经要求在海马汽车合肥工厂或者海南总部举办黄金联赛的总部专场。目的是让赞助商的员工和管理者都能亲身体验三人制篮球的魅力。这样的比赛既能锻炼企业员工的身体，又能增强海马汽车的企业凝聚力，成为企业内宣工作的一部分。我内心的小九九是，"海马人"都爱上黄金联赛，我们下个赛季的赞助就提前落袋为安了。

在每一站、每个赛区、每次决赛中运动员迸发的激情、绝杀、拼搏、努力，都深深感染着每位现场观众和屏幕后的新浪体育受众。和激情澎湃的运动联系在一起的品牌，能直接收获品牌好感，增加品牌美誉度，贡献品牌价值。但因为这部分增值的估值太难，我们不再纳入赛事商业价值计算公式。

2015年黄金联赛默默无闻，无法计算其商业价值。但不积跬步，无以至千里。从2016年获得1 210万元赞助，到2019年第五个赛季斩获近6 000万元赞助的大红大紫，5年时间，1 825个日夜的付出，成就了一项有价值的大众体育赛事。而近6 000万元现金与实物赞助也让黄金联赛成为大众赛事赞助的翘楚。

"自办赛事的进步不被认可"彻底成为历史。盈利和掌握盈利模式永远是一项赛事成功和被认可的基本要素。

赛事物超所值是商业赞助成功的核心

总结黄金联赛几个赛季的赛事商业价值和商业赞助收入，可以看到，随着赛事商业价值的提升，商业赞助也会水涨船高。除去商业开发团队的努力、运气和关系外，赛事物超所值是商业赞助成功的核心（见表6-1）。

表6-1 2016—2019赛季黄金联赛赛事商业价值与商业赞助收入

年份	赛事商业价值	商业赞助收入
2016赛季	1 950万元	1 210万元
2017赛季	3 100万元	1 600万元
2018赛季	7 250万元	2 500万元
2019赛季	9 500万元	5 570万元

（注：考虑商业信息保密，以上赞助金额和实际金额略有不同。）

2016赛季线上传播价值约900万元，线下展示价值约50万元，传统媒体传播价值约1 000万元，赛事商业价值共计1 950万元。

装备赞助商匹克共赞助现金和装备500万元，冠名赞助商联想ZUK手机共赞助现金和手机700万元，五粮液共赞助现金和酒水10万元，2016赛季收到赞助共计1 210万元。

2017赛季线上传播价值约2 000万元，线下展示价值约100万元，传统媒体传播价值约1 000万元，赛事商业价值共计3 100万元。

冠名赞助商麦当劳赞助现金800万元，装备赞助商匹克赞助现金和装备700万元，天速地板赞助现金和装备100万元，赞助共计1 600万元。

2018赛季线上传播价值约4 500万元，线下展示价值600万元，传统媒体传播价值约1 500万元，带动线上销售650万元，赛事商业价值共计7 250万元。

冠名赞助商海马汽车赞助现金和整车1 000万元，装备赞助商匹克体育赞助现金和装备900万元，三星手机赞助现金200万元，三养食品赞助现金和食品200万元，天速地板赞助现金和装备100万元，百思佳床垫赞助现金和装备50万元，百淬运动饮料赞助现金和饮品50万元，赛事商业赞助共计2 500万元。

2019赛季线上传播价值约6 000万元，线下展示价值约1 000万元，传统媒体传播价值约2 000万元，带动线上销售500万元，赛事商业价值共计9 500万元。

冠名赞助商东风启辰赞助现金和整车 2 000 万元，乔丹体育赞助现金和装备 2 200 万元，康师傅冰红茶赞助现金和饮品 1 000 万元，电视品牌赞助商 TCL 赞助现金和电视 200 万元，英利奥地板赞助现金和装备 150 万元，5 座万达广场赞助现金 20 万元，赛事商业赞助共计 5 570 万元。

从 2018 年开始，我尝试套用赛事商业价值计算公式，让黄金联赛有真金白银的价码。几次和汽车、电动车企业的广告代理沟通，由于线上传播价值的计算方式相同，线下展示价值逻辑清晰，大家很快达成共识。赛事商业价值计算公式降低了售卖的时间成本，增加了双方的互信。其实，娱乐综艺节目早就有一套电视收视率加上互联网媒体平台传播量的价值计算模型，才能让众多的娱乐节目、网络综艺等获得上亿元的赞助费用。

和娱乐行业成熟的商业价值体系相比，体育赛事还是小学生。

由赛事影响力科学计算出的商业价值，如何被客户接受，成为商业赞助收入？

第7章
如何获取商业赞助

不断改进,永远不要因为一款产品销量很好而满足,这是至关重要的。

——摘编自《发明》

商业赞助是赛事收入的重要组成部分。我记得《当体育遇上商业》中有这样一组数据:"2009—2012年奥运周期收入共80.5亿美元。其中转播收入占47%,赞助收入占45%,门票收入占5%,授权商品收入占3%。"从表7-1中,大家也可窥见一二。

如图7-1所示,想象一下,黄金联赛收入结构就像一颗糖,两头小、中间大(报名费和门票收入共占4%、赞助收入占93%、转播收入占3%);奥运周期收入结构就像一瓶红酒,上边细、下边宽(授权商品收入占3%、门票收入占5%、赞助收入占45%、转播收入占47%);NBA收入结构就像千层蛋糕,从上往下逐渐变大(赞助收入占12%、其他收

入占 25%、门票收入占 31%、转播收入占 32%）

表 7-1 奥运周期、NBA 和黄金联赛的收入构成分析

黄金联赛 2019 赛季收入（人民币）	奥运周期 2009—2012 年收入（美元）	NBA2016 赛季收入（美元）
赞助收入 5570 万元，93%	转播收入 38 亿元，47%	转播收入 26 亿元，32%
转播收入 200 万元，3%	赞助收入 36 亿元，45%	门票收入 25 亿元，31%
报名费 200 万元，3%	门票收入 4 亿元，5%	其他收入 20 亿元，25%
门票收入 30 万元，1%	授权商品收入 2.5 亿元，3%	赞助收入 10 亿元，12%
衍生品和运动员经纪无		
合计 6 000 万元	合计 80.5 亿元	合计 81 亿元

图 7-1 黄金联赛、奥运会和 NBA 的收入结构

说来轻松，要想获取商业赞助可非一日之功。

2015 年首届赛事开始前，黄金联赛创始人伊森动用私人关系找到 361°，免费拿到了几百套比赛服，这算是黄金联赛第一份实物赞助。总要先开始赛事，才会有赞助收入吧。但我当时不知道，后来才听说："新浪从来没有做过不收钱的项目！"时任新浪网高级副总裁的我也经历了和

财务部同事的磨合。和伊森制订了 2015 赛季黄金联赛的执行计划后，我就开始忙中超版权、英超版权等一系列"不可能完成的任务"。直到 7 月末的一天，伊森沮丧地找到我。

"老板，黄金联赛没法干了。"
"啥情况？"
"公司财务不付款，我们没法找合作伙伴办赛。"
"为什么？"
"说没有公司高层批准。"

于是我惴惴不安地溜达到公司财务部所在的新浪大厦 7 层，这座饱受赞誉的 7 层建筑是富力地产代建的，设计精美，气势非凡。7 层是财务、法务和总裁办公区，门禁都和其他楼层不同。我辗转找到了负责财务的经理，说明了来意。

财务经理："我们从来不做没有人给钱的项目。"
我客气地解释："这项目需要投入，必须先投入，才有可能卖广告。"
财务经理："没有公司高层批准，我没法签字付款！"
我继续客气："需要哪级老板批准呀？是不是得找老杜？"
财务经理："必须是公司高级副总裁，现在有一位，好像姓魏。"
我欣喜若狂："巧了，我也姓魏，您看这工牌。"

多年以后我都心存感激，新浪网是一家管理严格、既拥护平等又尊重权威的互联网企业。也正因为如此，才有了新浪黄金联赛日后的种种可能。

在工牌派上用场后，黄金联赛迅速展开。尽管首个赛季成果不尽如人意，但在赛事负责人伊森的带领下，黄金联赛很快步入了正轨。伊森原来是职业足球运动员，效力于陕西国力队。退役后到北京体育大学深造，并获得硕士学位。他先后在几家体育公司从事篮球赛事和足球赛事的规划、执行等工作，是个不折不扣的赛事高手。赛事部门从只有伊森一个人开始，到了2019年，已经有二十几位正式员工和实习生，担负起篮球、足球、马术、冰球、高山滑雪、攀岩等9项赛事的执行工作。在管理上，我一直让赛事部门独立于新浪体育的内容部门，毕竟工作性质不同，两个团队的背景、工作习惯不同，风格各异，而且内容部门的同事都是新浪体育的老员工、台柱子，如果双方产生摩擦，结果不言而喻。让赛事部门完全独立，给他们更多的发挥空间，也是一种保护。

在2019年新浪体育年会上，我给黄金联赛创始人伊森颁发了黄金联赛创始人纪念品，是一套刻有黄金联赛创始人字样的水晶醒酒器和六只水晶酒杯，算是正式认可了"外来高手"在新浪体育的成功。转眼过了几年，不知那套杯子现在还剩几只。

赛事金矿贴士

从管理学角度看，外来高手、专家在进入一个成熟组织时所遇到的困难，和把一位中国高管空降到异国他乡差不多。组织文化不熟悉，做事风格迥异，甚至说话都不在一个频道。请外来高手是正确的，让外来高手成功更重要。决策者要创造条件让外来高手做成项目，证明自己的能力，赢得既有团队的信任。在初期尽量减少外来人员和老团队的磨合，避免不必要的损耗。对于外来高手而言，要懂得尊重和妥协，集中精力做成事。

2015年8月到10月，因为赛事没有任何官方报道，361°就成了黄金联赛第一个非官方赞助商。我一直对361°有好感。几年后我朋友梅杰（Major）从其他品牌跳槽到361°做首席市场官，我了解到361°跑鞋的研发团队是亚瑟士全套研发人马，就立刻把跑鞋从亚瑟士换成了361°，跑鞋超棒。其实我一直希望黄金联赛能和361°再次合作。不过随着黄金联赛渐入佳境，先后签约了匹克体育和乔丹体育，一直没有机会和361°合作。2018年亚洲运动会，新浪体育受361°邀请，去印尼雅加达做报道，我带队前往。在雅加达见到361°老板丁伍号，本想当面致谢，结果寒暄之后就开始谈报道的计划和安排，忘记感谢了。在这里谢谢丁伍号先生，谢谢361°。

言归正传，要想真正被客户接受，取得赞助收入，就必须用好下面这三板斧。

三板斧之一：一把手超级推销员

从2015年进入新浪体育，在唏嘘版权流失、员工跳槽之外，最让我欣慰的是新浪体育业界第一的记者和编辑团队。入主新浪体育伊始，我对流量数据最为敏感。2015年下半年，失去NBA视频版权的新浪NBA频道视频播放量一落千丈，但还能保持近100%的UV和PV，我们的赛事报道和评论依旧吸引着NBA的粉丝。然而，新浪体育的广告客户却如潮水般退去。我理解广告客户看中的视频贴片广告，但除视频外的赛事报道横幅广告、中插位置、尾板的图文广告没理由下滑呀。明明我们还在努力呀，流量和用户还在呀，图文水平还很赞呀，新浪网还很赞呀！

管理新浪体育三个月后，我不得不把大部分精力转移到广告销售上。新浪网的广告一直是由销售部门负责，但对销售部门的同事们而言，新浪体育没了 NBA 视频版权，他们就转移售卖阵地，到财经、新闻、娱乐等频道。毕竟当时的新浪网广告是"皇帝的女儿不愁嫁"，当然，没有版权的新浪体育除外。销售出身的我，迅速嗅到了其中的味道，体会到了变化。从 2015 年下半年开始，我就要求新浪网的销售人员带我去见客户，拜访客户，但收效甚微。没有一个销售人员愿意花时间给客户解释为什么没有 NBA 视频版权，新浪体育还是一个值得投放广告的平台。在这种惯性和惰性下，我们失去了清扬、飘柔、一汽等一众视频广告客户。我的挣扎，显得很苍白。

从那时起，我就笃定要掌握新浪体育的核心客户资源，我必须成为新浪体育的超级销售员。其实在新浪体系里还有很多热爱体育、对新浪体育有强烈情感的兄弟：景栋、庆旭、正勇，他们都对新浪体育业务给予了雪中送炭般的帮助。随着新浪体育自有赛事日渐成熟，我也有了销售名言："带客户给我，我给你签单！"其实每一次与客户见面、提案、谈判、签单，新浪体育销售团队都有巨大付出。而签单之后和客户磨合 KPI、承诺、目标达成，都有团队兄弟姐妹们的坚持不懈、竭尽全力的付出。而新浪体育的自有赛事，也经受住了客户的考验和挑剔，没有掉链子。

从 2015 赛季到 2017 赛季，黄金联赛都采用赛会制的比赛规则，从 9 个城市到 15 个城市，再到 25 个城市。当时间跨过 2017 年，参赛球队超过 6 400 支后，我开始思考还有什么竞赛方式或者产品可以推荐给赞助商。黄金联赛刚开始时，团队成员都认为，新浪体育在运营一项严肃的体育赛事。从赛事组织、竞赛标准、裁判水平、场记、志愿者、安保、医疗都以职业联赛为标杆，当然 2015 赛季除外。的确，一项有品质的赛事，才能让参赛球员满意，为比赛赢得口碑，让赞助商满意。但桃李不言，下"不"成蹊。

2015年9个城市的赛事，耗资近400万元。2016赛季15个城市的比赛，新浪体育投入近800万元。到了2017赛季，25个城市的赛事投入达到1 300万元，如果计算新浪体育员工工资、差旅等费用，2017赛季黄金联赛的投入达到1 800万元。而当年1 200万元左右的现金收入，远不及办赛成本。如果计算新浪网和微博的媒体资源价值，我肩负着巨大压力，但又要假装泰然自若。"老杜支持的，我们要投入。"是的，杜红的确到场观摩了2017年黄金联赛总决赛。她也为赛事规模、竞赛水平感到激情澎湃了，非常认可黄金联赛的发展。但老板认可的回报，不能是赛场排山倒海的喝彩和冠军领到奖金后的激动。2017年末黄金联赛总决赛，我其实完全不在状态。参赛选手的激情，老板的认可，员工的骄傲，媒体的赞誉，都不能抵挡我内心的崩溃。黄金联赛是一项商业赛事，赚钱就是硬道理！不能盈利的体育项目都是耍流氓！

好在新浪体育作为国内首屈一指的体育媒体，和众多体育品牌有多年报道方面的合作，我有幸结识了匹克体育老板许志华先生。匹克体育从2005年起就涉足篮球，从赞助斯坦科维奇杯到赞助欧洲全明星赛，签约NBA球星肖恩·巴蒂尔，篮球是匹克体育国际化的核心，匹克体育还专门拓展出匹克篮球产品线。和篮球的缘分让我有机会在2015年末和2016年初三赴泉州，向志华推荐黄金联赛。

匹克体育总部在泉州一条高速路旁边，而位于泉州湾海边30层的匹克国际中心是匹克快速发展的证明。从厦门到泉州的高速公路很便捷，出了收费站，一转弯就是匹克体育总部。营销中心和工厂在一个院落，很紧凑。营销中心的楼里到处是篮球的印记。志华的办公室在四楼，是一个一年四季都开着窗，人来人往，满是烟雾和茶香的大开间。志华是匹克体育创始人许景南的长子，有着福建商人勤勉、低调的特点。我向志华介绍黄金联赛四五次，没有一次能从始至终讲完，每次都是讲到一半就有人进来，有公司员工、合作伙伴、供应商。我后来也习惯了，谁进来我就和谁讲黄金联赛，反正最后志华要拿主意。

功夫不负有心人。我三次造访泉州，经过十几次赛事和传播方案的交流后，匹克体育以500万元一年的赞助费签约黄金联赛3年。多年后思考和匹克的合作，其实有很多契机。2016年的篮球市场竞争激烈，在头部赛事布局上，李宁赞助CBA，安踏和匹克都在发力NBA，帮助品牌积累美誉度和好感；在促进销售的大众触达方面，李宁经营4×4篮球，安踏推出"要疯"三人制篮球赛，匹克正好缺一个大众篮球赛事抓手。当时主攻匹克前，我也向李宁公司董事李麒麟、安踏首席执行官郑捷推荐过黄金联赛，但三项赛事都是刚起步，李宁和安踏没有理由不在自己的项目上投入，黄金联赛自然没有太大的机会（见表7-2）。

表7-2　2016年体育鞋服大牌的品牌策略

品牌/赛事选择	李宁	安踏	匹克
头部赛事	CBA	NBA/汤普森	NBA/霍华德
大众赛事	4×4篮球	"要疯"三人制篮球赛	黄金联赛

三板斧之二：洞察品牌的推广策略

签约时我和志华约定，如果黄金联赛赛事规模和传播总量在合约期内有巨大成长，赞助费也要同步上涨。2016年初签约时，我们都没有料到之后黄金联赛的成长和进步。匹克营销团队很专业，和新浪体育签订了非常详细的传播KPI，包括赛事内容的UV、PV、VV、匹克线上和线下的广告权益。和NBA磨合过的团队的确有经验。与匹克团队的合作，让赛事团队得到了历练，为后来服务麦当劳、康师傅、东风风神打下了坚实的基础。从 2016 赛季开始，每站比赛我穿的都是匹克的服装和篮球鞋。第一次穿匹克篮球鞋时，我万分感慨，当年如果有匹克篮球鞋，我们高中球队没准儿能进北京市中学生篮球联赛总决赛！

2016 赛季我们向匹克交出了 15 个城市，2 740 支参赛队，线上流量全部超过 KPI 50% 的成绩。当季黄金联赛（不包括总决赛）就创造了 4 800 万次视频播放量，场均 75 万 UV 量，单条视频 217 万次播放量。在赛季中期，微博平台上"新浪黄金联赛"的微博话题量就达到了 1.8 亿次，总决赛前夜微博"新浪黄金联赛"话题量直逼 10.6 亿次。2016 年 7 月 10 日黄金联赛总决赛，PPTV、爱奇艺、网易、斗鱼、秒拍、一直播等 10 多个新媒体平台同步展示选手的风采。更令人振奋的是，CCTV-5 再次对这场业余赛事进行了 80 分钟的电视转播。这 80 分钟的央视播出，成为大众参与篮球项目传播的巅峰。我和志华一起在总决赛现场——北京五棵松 HI-PARK 篮球公园，在 CCTV-5 镜头下共同见证了黄金联赛的成长。总决赛结束后，黄金联赛微博话题量超过 20 亿次，远远甩开了中国篮球第一赛事 CBA 的话题量。

三板斧之三：不断打磨一流产品

到了 2017 赛季，随着 KPI 的跃升，匹克体育对黄金联赛的赞助达到接近 1 000 万元现金、比赛服和篮球鞋货值接近 1 000 万元的双千万水平。和匹克体育合作，让黄金联赛成为能够面对体育大牌苛刻要求和达到严格 KPI 考评的大众体育赛事。按照匹克团队的要求，从 2017 赛季开始，黄金联赛办赛地点开始向各个办赛城市的核心商圈聚集。万达广场、融创茂、大悦城、奥园广场纷纷成为黄金联赛的合作伙伴。随着核心城市的核心商圈成为黄金联赛办赛场地，黄金联赛的知名度和品牌价值也得到了进一步的提升。

2017年，赛事团队和匹克产品团队开始讨论黄金联赛专属比赛服和篮球鞋的定制可能性。从品牌角度看，一个单款如果不能达到10万套服装起订量，就无法支撑独立设计。我们推出的2017年办赛计划包括6 400球队和2.5万名选手，显然和10万套服装的起订量有较大差距。尽管2017赛季我们又一次实现了所有线下目标，线上传播也再次大幅超过KPI，但黄金联赛定制版装备还是未能实现。

2018赛季开始前，我们提出了更加宏伟的新目标——"打造全球最大型三人制篮球赛事"。我们把全国分成32个赛区，共有办赛城市82个，并落地香港、澳门特别行政区。赛事还开辟了位于菲律宾马尼拉的海外赛场，目标参赛球队超过1.6万支，参赛人数提升至6.4万。与此同时，办赛成本和传播投入都有大幅增加。匹克和我们一起见证了2018赛季黄金联赛、国际精英赛等的辉煌，顺利结束了双方约定的3年合作。和黄金联赛的顺利合作也让新浪体育成为匹克平昌冬奥会的媒体合作伙伴。我也再次有机会和志华一起在平昌见证匹克赞助的巴西、冰岛、乌克兰、罗马尼亚、斯洛文尼亚、新西兰6个国家队的精彩比赛。在平昌匹克体育品牌馆，看到匹克品牌出现在进进出出的6国运动员胸前，我和志华一样激动。结果，当晚在平昌一家韩国烤肉店喝烧酒，我和志华一起喝多了，酒后我坚持要在-15℃的平昌"出去走一圈"，好在匹克防寒服很保暖，也很时尚。

直到今天，看到匹克品牌，想到志华，我依旧感到很暖。

2018赛季的赞助商还有海马汽车、三星手机、三养食品、百淬饮料、英利奥地板等。从2019年起，黄金联赛签约乔丹体育，得到1 000万元现金赞助和近2 500万元的比赛服装赞助；康师傅冰红茶提供1 500万元现金和饮品赞助；赛季的冠名赞助商东风启辰汽车更是提供近2 000万元现金和整车赞助。其他赞助商还有 TCL 电视和一众大型商超。从 2018 年起，按照赞助商品类、赞助金额和合作潜力，我们开始把赞助商进行分级。2019 年第五个赛季，五级赞助商体系已经形成，包含对应赞助金额、赞助商回报、未来合作等诸多方面。

五级赞助商体系

第一级：冠名赞助商。

赞助商多为车企，2 000 万元现金起步，100 万元价值整车。回馈 200 亿次曝光，2 亿次视频播放量，100 个商超展示，150 站冠名赛事落地。

第二级：战略合作伙伴。

鞋服赞助商，1 500 万元现金，2 500 万装备。

第三级：金牌赞助商。

1 000 万元现金和实物赞助。

第四级：银牌赞助商。

500 万元现金和实物赞助。

第五级：品牌合作伙伴。

200 万元现金和实物赞助。

这个五级赞助商体系，已经可以大大超过国内大部分赛事，包括很多职业联赛的赞助情况了。2019 年初，我有幸参与了国内三大球之一的球类职业联赛的版权策略和宣传推广计划的草拟工作，而赞助商体系就使用了这套五级赞助商体系。

赛事要有品质、影响力、商业价值和赞助，利润就是收入和成本的简单加减法。

第 8 章
控制成本，打造持续竞争力

> F1 在 2004 年通过一项规定，要求车队在一个周末两天的比赛中必须使用同一台发动机，从而降低和抑制竞赛成本。
>
> ——摘编自《极限挑战：一级方程式赛车的商业经验》

如果你的赛事不是 NBA，就必须考虑办赛成本

多年以来，赛事办赛成本一直成为困扰赛事发展、赛事运营方的主要问题。除非你是世界杯或者奥运会主办方，才可以完全不为办赛成本担心，因为有太多的国家和地区希望获得赛事的主办权，有太多的企业希望成为赞助商，以期获取知名度、利润和其他种种利益。但是，如果是一项大众体育赛事呢？最负盛名的北美四大职业体育联盟：美国国家橄榄球联盟（NFL）、美国职业棒球大联盟（MLB）、美国职业篮球联赛（NBA）和国家冰球联盟（NHL）拥有目前全球商业化程度最高、盈利最多的赛事。即使是其中资历最浅的 NBA，也成立于 1946 年，距今（2022 年）有 76 年之久，这些联赛完全不会为办赛成本伤神。而中国最有名的赛事

莫过于中超联赛了。2004年开始举办的中超联赛，算上其前身于1989年创立的中国足球甲A联赛，到今天也有33年的历史了。但如果你的赛事不是NBA，不是中超，你就必须考虑办赛成本。

黄金定理四	合作伙伴的开发和赋能是控制赛事成本、打造持续竞争力的关键。

黄金联赛第一年走过9个城市，平均每个城市有48支球队参赛，总决赛时北京赛区参赛队多一些。除去40万元赛事奖金，赛事信息发布、报名、场地、安保、场记、裁判、志愿者，每一个环节都是成本。而48支球队在两块场地同时比赛，5场就能决出决赛队伍。而赛事主办方是要为场地、裁判和工作人员付费的。黄金联赛早期办赛成本主要是一位裁判和两位工作人员，一天1 500元，加上成本差异极大的场地费用。在大学校园内，场地费可以是0元。如果是社会场地，场地费是每小时200元，一天又是1 500元。城市决赛时还要聘请安保、医疗救护人员，赞助商和当地社区要制作广告板，这些都要费用。新浪体育可以自己办赛吗？可以让新浪体育员工组织比赛吗？答案当然是"不能"！把任何一队新浪体育员工放到离北京1 000公里以外的地方，就像成都双流，纵使他们有三头六臂也无济于事。除了必须有当地合作伙伴帮你解决上述所有问题之外，还有和城管、公安部门的申报和配合工作，以及应付其他各种你不遭遇就永远不知道的"惊喜"。2015赛季，除去总决赛的60万元办赛费用和奖金，不算员工差旅费用，我们投入8个城市的办赛费用大约150万元。每个城市，不到50支参赛队的办赛成本接近20万元。

事后随着我们对办赛成本的复盘，很快得出结论：在一个城市办一天比赛和办两天比赛成本相差无几，可以说48支球队和128支球队参赛成本相差无几。然而，在学校办赛和在社会场地办赛费用相差极大，在校园请裁判、场记、工作人员的费用和在社会上雇用相关人员的费用相差极大，可以说找一个当地合作伙伴，尤其是从事过体育赛事、有学校资源的合作伙伴和找广告活动公司的费用相差极大。这些结论非常有逻辑。但你没有经历过，就要付学费。而体育赛事领域需要交的学费太多了，有的"雷"，只有亲自踩过，才会明白。

2015年黄金联赛走过四川成都，办赛地点选在双流。我想大部分外地人对双流的认知是成都机场和麻辣兔头。对于一个不吃辣的北京人而言，我对双流的认知就是机场，可谁会在机场办赛？2015赛季结束后，很多好事之徒都以为我是狂热的麻辣兔头爱好者，所以把成都比赛放在双流麻辣兔头节，假公济私。我真是冤枉。2015年年初，我接触到一个叫呼伦贝尔的房车组织，他们在全国有几千名会员，经常组织房车露营、巡游。呼伦贝尔房车的一位股东是音乐人，在圈内小有名气，自己作词作曲，也能演唱。正好他们当中有人认识双流镇的领导，知道双流镇每年有兔头节，并计划到成都双流参加麻辣兔头节、露营和演出，我们一拍即合。在黄金联赛赛场旁边搭建舞台，比赛中场休息时舞台灯光亮起，观众原地转身看表演，然后舞台灯光渐暗，观众转回到黄金联赛赛场看决赛，多么浪漫、诗意。

理想很丰满，现实却很骨感。当我到了比赛现场，围观群众人山人海，都是当地村民。赛场和舞台在凹凸不平的晒谷场上，灯光如梦中的海市蜃楼，忽明忽暗，无法捕捉。转场和90°华丽转身的构思都成了白日梦。我们打球的汉子们无所谓，可我真替女主持人、歌手和乐队捏了一把汗。谢天谢地，当晚的总决赛和歌舞表演圆满结束。

在双流麻辣兔头节、音乐会和黄金联赛的种种混乱中，我第一次遇到黄金联赛成都赛区合作伙伴——德瑞克体育的创始人王韧。王总是四川师范大学体育学院毕业的，但初次见面时我怎么也不会想到他是师范大学毕业的。以今天比较专业的地产视角看，他特像一个包工头。事实证明德瑞克确实有很多赛场工程项目，说王总是包工头，也有了证据。王韧就像他的名字一样很有韧性，为人很谦和、低调，做事勤勤恳恳，任劳任怨。现在看来，黄金联赛合作伙伴像王总的有很多：西安的杨总、合肥的花总、海南的向总。毕竟，举办赛事是个辛苦活儿，不能吃苦耐劳，是没有办法生存的。

赋能合作伙伴，让办赛成本非线性

2016赛季开始，我们计划了在15个城市开展赛事，城市、参赛队数量都有所增加。对赛事的组织、竞赛水平、宣传推广都上了台阶。如何控制成本，成了赛事的核心竞争力。多年以后和赛事团队、外部投资人、公司领导沟通，我多次被问到，黄金联赛如何做到传播力度、赞助收入线性增加，但办赛成本非线性可控。

办赛成本非线性可控的核心就是黄金联赛的合作伙伴。黄金联赛在全国22个省（区、市）32个赛区举办，其合作伙伴有23家。从2016赛季开始，合作伙伴的开发是我在赛事赞助之外，投入时间和精力最多的。2018年一次媒体活动中，一位记者问我，黄金联赛合作伙伴的选择、发展和培养的逻辑是什么。我当时用了联想的分销商体系理论做了回答。当晚我看到记者即将发布的采访提纲，又认真思考了过去几年黄金联赛合作伙伴的选择、培养、发展，不禁感慨万分。我于2007年加入联想，在联想工作8年，其间无数次和联想的核心合作伙伴、分销商接触并共事。当时我和分销商将大多数时间花在解决库存、周转、账期、返点、经销商开拓、门店管理上，永远是问题比办法多。我离开联想加入新浪网，又管理新浪体育并创立黄金联赛，从来没有把黄金联赛合作伙伴的发展和在联想的经历、经验及收获挂钩。

联想分销商体系是联想过去几十年纵横中华大地，不断攻城拔寨的制胜法宝。和国家的行政区划不同，联想按照经济发达程度和电脑消费水平把全国分成一百多个网格，每个网格发展一个分销商。网格分销的职责是在网格范围内发展经销商，开拓零售门店，推广联想品牌。在选定网格分销商后，联想人投入时间最多的是合作伙伴的 5S 赋能。5S 管理是联想的销售管理精髓，分别是：

Sale In：分销库存数据
Sale Through In：分销库存到经销商门店数据
Sale Out：售出数量
Sales Inventory：每天、每周、每月的销售库存
Sales Revenue：收款管理

联想人通过反复与合作伙伴沟通 5S 管理细节，教会合作伙伴销售手段和管理技能，为合作伙伴赋能。一百多家网格分销都能成为销售能手，联想的生意自然独步天下。

在联想体系历练多年的我，耳濡目染地学到了一些皮毛。这些皮毛，在体育赛事领域就足够用了。2016 赛季开始前，我专门到访成都，试图以德瑞克为样本，发展黄金联赛赛事合作伙伴体系，为合作伙伴赋能。和德瑞克的研讨在其老旧低调的办公室进行。除了王总，另外两位创始人也一起参加了。德瑞克体育是由四川师范大学体育学院的三位在一个宿舍的同学一起创立的，除了王总还有闫总和左总。王总和黄金联赛磨合过双流

麻辣兔头节，所以相当客气，而左总，就是另外的情形了。自始至终，左总都眉头紧锁，不苟言笑。当时探讨的目的是让德瑞克在四川地区办赛，并不局限在成都一个城市。德瑞克的业务本来只在成都，而办赛需要到德阳、资阳、绵阳、马尔康、攀枝花等十几个地区，成本很大！而当年办赛，除了在成都我们可以提供现金支持，其他城市都需要德瑞克自行筹措资金办赛。德瑞克的主要生意是场馆建设，随着黄金联赛的推广，德瑞克以这项在2016年成为FIBA全球认证的赛事为契机，到四川十几个地市办赛，争取赛事主场建设合同，一举两得。而黄金联赛对德瑞克的苛求，竟然成了德瑞克开拓四川市场的动力。

一项赛事活动当只在一地开展时，是既没有媒体传播价值，又没有大众参与深度的。但当覆盖范围扩大到一个省的所有县市时，赛事活动所营造的赛事氛围和影响力就能够让它与媒体资源博弈，获取政府支持，赢得企业赞助。一切，都是从量变到质变的过程。而教会德瑞克按照我们的方式执行赛事，按照FIBA的标准进行过程管理、获取数据、按照我的方法和政府争取资源，跟着我谈赞助，都是为合作伙伴赋能的过程。而赋能成功的收获是，德瑞克可以凭借黄金联赛与政府部门沟通，获取项目支持，得到商超免费场地，吸引赞助和政策资金，赚钱办赛。

2020年我已经离开新浪网，有一次到成都和王总、左总在宽窄巷子见面吃饭，不为黄金联赛，只为友情。我们喝了白酒，在一众面红耳赤中我向左总提起当年谈合作的情形。

我："那时，你眉头紧锁，一脸绝望，到底为什么？"

左总："不太记得你说什么了，估计没听明白吧，你说话又快。"

说清楚一件事要说七遍,而做成一件事,至少要三年。要不然,你就不知道你所不知道的。

随着黄金联赛的推进,我走访过至少 30 家合作伙伴,和他们一起讨论赛事执行方案、公司年度计划,一起探讨地方赞助开拓,寻求当地体育局和政府支持。我和合作伙伴一起拜访当地商超,进行赛事场地合作洽谈;一起拜访潜在赞助商:中石油、平安金融、五粮液歪嘴酒、郫县豆瓣酱、杏花村酒厂还有饮料公司、地方银行。每次联合拜访,我都向潜在赞助商、当地体育部门、当地政府介绍新浪体育、黄金联赛、赛事理念。每一次介绍,不管结果如何,我都深知,身边的合作伙伴都对黄金联赛多了一些认同。

"不积跬步,无以至千里。"

从 2018 赛季开始,我们向合作伙伴支付关键城市赛区办赛费用,每站 4 万元。以四川赛区为例,我们一共支付了 5 站比赛的办赛费用,共 20 万元,但要求德瑞克完成至少 20 站比赛。到 2019 赛季,德瑞克在四川可以执行至少 20 站赛事,其中 10 个地市可以获得体育局 5 万~10 万元的支持,其他城市也有当地商超、企业赞助。王总在四川耕耘黄金联赛 5 年,收获利润理所应当。安徽合作伙伴昔往今来公司则走出了和当地体育局、教育局合作,在中学推广黄金联赛的办赛道路,加上商之都的支持,在合肥乃至整个安徽办赛办得风生水起;山西合作伙伴则通过在社区开办篮球场,把黄金联赛变成社区群体项目,加上政府投入,所向披靡;西安合作伙伴借助陕西省体育局和西安体育学院的支持,把黄金联赛办成作为西安全运会前奏的大众赛事;青海合作伙伴通过和西宁万达广场的合作,把黄金联赛积分赛落地西宁。

我还有一位中国香港的合作伙伴肯尼（Kenny），他让黄金联赛的旗帜飘扬在寸土寸金的维多利亚港。2017 年黄金联赛首次有了香港合作伙伴，由于地理位置限制，我们无法派出办赛团队赴香港办赛，所以 2016 年底，合作伙伴大会就邀请了香港合作伙伴到北京开会和学习。肯尼和费伊（Faye）两位来到北京参会。肯尼很努力地说普通话，而费伊则是一位很腼腆的女孩子。后来我才知道他们是一对情侣，和武汉赛事合作伙伴一样一家齐上阵，助力黄金联赛。

2018 年 9 月 18 日，新浪体育在北京召开黄金联赛积分赛合作伙伴大会，正式向外界公布了黄金联赛积分赛。这个全新的赛事模式将在黄金联赛省级赛的基础上下沉到更多城市，连续举办 6 个月以上的比赛能让赛事获得更多参与度和曝光度，让更多年轻人参与到篮球运动中，践行新浪体育"以体育人，让更多中国人爱上体育"的愿景。会上，来自全国各地的 18 家赛事公司象征性地各支付 50 万元，获得下个赛季举办黄金联赛省级赛及积分赛授权，与新浪体育共同致力于将黄金联赛长久落地于国内更多城市。这样的安排既考虑到黄金联赛合作伙伴当时的盈利能力，象征性地收取授权费，同时又为以后付费授权加盟的模式奠定了基础。

2019 黄金联赛进入第五赛季，在黄金联赛、省级赛、积分赛的多级体系的构建下，计划赛事规模覆盖 150 座城市以上。积分赛于每周末进行，根据各地不同的赛程安排，每支球队每周最多能够选择 18～24 场比赛。按打满 9 个月比赛来预估，每个城市周末将有 64 支队伍参赛，一年有 2 304 支队伍，共计 9 216 名队员参赛。而 150 个城市，光积分赛参与人员数量就将达到 10 万以上。这一庞大数字将进一步提升黄金联赛在全国的辐射广度，提高赛事影响力，同时也将切实带动更广泛人群参与体育活动。

新浪体育赛事运营总监刘苾瑟在会上介绍3×3黄金联赛4年发展和规模，3×3黄金联赛举办4年，取得了巨大品牌效应和商业价值，在行业内获得了广泛的关注。会议当天，18家来自四川、陕西、内蒙古、湖南、江苏、广东、山西、吉林、河北、广西、青海、湖北、江西、山东、安徽、福建、浙江、香港的赛事公司与新浪体育签署协议，获得开展积分赛的官方授权。新浪体育将携手众多赛事公司建立立体化的赛事运营体系，为黄金联赛在各个区域内的深耕打下坚实基础。本赛季黄金联赛开始前，新浪体育曾宣布开启自主IP赛事2.0模式，这可以理解为新浪体育在赛事运营者身份的基础上，增加了平台角色，为更多赛事公司提供施展拳脚的舞台。此次授权众赛事公司，开展积分赛的举措正是在贯彻这一模式。据了解，3×3黄金联赛授权费用为50万元，3×3黄金联赛也借助此契机实现了近乎零成本扩大赛事规模的目标。作为国内最为成功的自主IP赛事之一，3×3黄金联赛经过多年的发展，其价值已经得到行业内的肯定。

签约授权后，新浪体育将充分保障地方承办公司权益，一方面，新浪网将承担赛事指导、帮扶职责，为合作伙伴提供让赛事常态化、可持续发展的良策和培训课程。按照计划，新浪网还将为地方积分赛投入积分系统、人脸识别系统等，让赛事向数据化、可视化和社交化方向发展。另一方面，新浪体育将为积分赛提供媒体推广曝光，尤其是新浪网各地方站的跟踪报道，这将因地制宜地帮助赛事宣传，满足赞助商的权益回报等。在各方共同合力下，黄金联赛积分赛企划将逐步走上正轨，这意味着黄金联赛四级赛事体系已经初步搭建成功。自上而下，黄金联赛将包括3×3黄金联赛精英赛、3×3黄金联赛大区赛、3×3黄金联赛省级赛和3×3黄金联赛积分赛。每一层级都具有清晰的定位，并且各级之间能够良好互动，联系紧密。而无论是对于新浪体育或者行业来说，四级赛事体系都具备开创性意义，并且为开办自主IP赛事提供全新的思路。纵观黄金联赛的发展脉络，赛事可谓一年一个脚印，不断创新办赛模式，这背后体现的是新浪体育运营自主IP赛事的能力。一方面，新浪体育坚持产品化、互联网化和娱乐化的运营思路，令黄金联赛独树一帜。另一方面，在新浪媒体和微博的巨大曝光量推广作用下，黄金联赛交出杰出的成绩，已经成为社交媒体平台上各方关注的爆款赛事。这样的经验和资源让新浪体育拥有常人难以具备的优势，因而在办赛道路上越跑越顺。四级赛事体系不断下沉，其背后其实蕴藏着更为深刻的意义内涵。新浪体育也希望借助办赛的契机，推动更多年轻人参与比赛、参与体育运动，助力大众赛事的成长。如今，中国新一代年轻群体身体素质下滑似乎已经成为不争的事实，在此背景下，推动大众赛事发展已经是每个体育人都需要承担的责任。

——摘编自媒体报道

赛事成本控制还有很多地方需要思考。场地选择、租金比较、地板拼接、场地搭建、裁判和工作人员安排、媒体邀请、宣传报道、赞助商接待、餐饮住宿等等。为合作伙伴赋能，建立信任，控制成本就是合作伙伴的追求。商业开发也是如此。而这些开源节流的成果使合作伙伴的利润自然持久，自然具有竞争力。所以，如果今天我要求德瑞克在四川执行40站赛事，我一样支付5站共20万元费用，如何办赛，你知道答案。

在 2019 赛季收入和费用预算会上,当公司内部质询我为什么赛事规模和赞助收入线性增加,而成本可以非线性可控。答案,你已经知道了。

赋能合作伙伴,是赛事可持续发展和盈利的核心手段之一。

第 9 章
"三化三道",打响赛事品牌

> 如果成功仅仅取决于品质,那全世界的成功都应该是一样的,但现实远非如此,这其中的关键因素是社会影响。我们的行为受到别人影响,而大众行为也是。
>
> ——摘编自《传染》

"三化三道",更前卫的传播策略

黄金联赛第三个赛季迎来了赛事传播的小高峰。在经历了 2016 年"蜡笔小新"之困后,我就开始思索,黄金联赛需要一个更前卫的传播策略。

2017 年,各个阶层的 3×3 黄金联赛球迷或多或少都养成了新的观赛习惯。想要亲临现场的追星一族,可以奔赴全国 24 个城市,享受旅行的同时感受原汁原味的街头冲击;苦追《霸篮少年》(麦当劳冠名的黄金联赛系列漫画)的爱好者,也会时不时地刷新微博，以提前预测漫画内容获取吹嘘的谈资；更有一些民间实力派，期待加盟巴特尔的"荣耀篮途"，实现"体育＋娱乐"的双重体验。甚至还有一些"土豪型"球迷，他们最主要的关注点不是场上局面，而是如何打赏在场边直播的美女主播才能彰显自身豪气。

——摘自媒体报道

从上面的媒体报道中，你能感受黄金联赛传播策略的变化吗？

2015年新浪三人制篮球街头争霸赛，到2016赛季正式更名黄金联赛。黄金联赛走过了两个赛季。新浪体育的粉丝、黄金联赛的粉丝也跟随赛事走过了两年时光。2017年年初，一个由体育赞助价值评估课题组评选出的2017年"中国最具赞助价值体育赛事TOP100"榜单公布，中超联赛、CBA和北京马拉松赛高分当选前三名，而黄金联赛也位列其中，我已经不记得是多少名了。

这是一次有趣的评选，采取"专家课题组"形式进行，课题组由中国传媒大学、北京体育大学、中央财经大学联合我要赞体育、维宁体育发起，邀请学界专家、知名媒体记者、品牌主、广告代理公司、公关营销公司以及赛事运营方等组成。新浪体育在评选期间没有人参与或影响此次评奖。到2017年年末赛季结束，走过3个年头的黄金联赛已经辐射人口超过1亿人次。黄金联赛入围TOP100赛事，实至名归。

2017赛季，有超过3 000支球队、24个城市、25站比赛，预计辐射人口超过1亿人。赛程刚过1/5，微博话题阅读数以及赛事相关视频播放量双双破亿，当时预计赛季视频播放量将突破 5 亿次。而之前略显低调的宣传策略，除了招惹"蜡笔小新"之问，实在无法和黄金联赛的火爆场面相匹配，黄金联赛的宣传应该大鸣大放。

有鉴于此，我为黄金联赛制定了"三化三道"赛事执行和宣传策略。"三化"是指"以娱乐化、社交化推广赛事，以互联网化思维建设赛事。""三道"是指球员的"职业化上升通道，国际化通道和商业化通道"。"三化"是聚焦黄金联赛宣传，"三道"是关注参赛球员的权益，"三化三道"给赛事传播增加内容，提升关注度。

打好组合拳，打响赛事品牌

作为娱乐化传播的开山之作，2017 黄金联赛总决赛前，新浪体育邀请了华语歌手为赛事创作了主题曲《等你来战》，将当年大热的音乐元素融入赛事当中，吸引了年轻群体的目光，为赛事进行了充分的预热。从微博数据来看，该主题曲上线一周，在微博上收获了超过十万次的转发，这在体育赛事当中尚不多见。而在赛季决赛前夕，由一众当红明星为赛事录制的加油视频在微博上播出，获得了大量的转发；在决赛现场，几位娱乐明星同"黄金荣耀导师"巴特尔一同亮相，并展开了"投篮对决"，将娱乐氛围感拉满。

而这一切热闹、关注和流量上涨能否为黄金联赛带来相应的商业回报？答案没有出现在 2017 赛季，但"三化"建设赛事的影响却在后面的赛事中逐一变现。明确娱乐化战略并非偶然。从 2017 年起一众娱乐 IP 风起云涌，动辄上亿元的赞助让我既心潮澎湃又有点愤愤不平。以 2014 年推出的《奔跑吧兄弟》为例，这档首播于 2014 年 10 月的节目仅仅播出两年，其微博话题曝光量已经达到了 430.8 亿次；而在体育赛事中广受欢迎的 NBA，2016 年的微博话题量仅为 75.8 亿次，两年不过 120 亿次。一个 IP 到底要在曝光度上达到什么水平，才能获得品牌商的青睐呢？如果《奔跑吧兄弟》的赞助商花两个亿元买到 100 亿次的话题量和上亿次的视频播放量，而黄金联赛能值多少？

当短视频成为微博等社交媒体的新宠时，如何生产黄金联赛的海量短视频，如何构建和维护黄金联赛的微博社交化账号矩阵，让赛事的社交属性和推广成为主角，都是黄金联赛传播的重点。从 2017 赛季开始，黄金联赛参考国际标准，提供专业 5 个机位的直播，每场比赛结束都按照 NBA 和 CBA 规格剪辑赛事集锦，每站产出上百条短视频内容，并主动联系微博的体育大号、多频道网络机构（MCN），形成短视频的播放矩阵。借助社交媒体账号矩阵和 MCN 账号的合作，通过微博、新浪网、网易、搜狐等网红直播、短视频的组合拳，单条视频最高播放量超过 200 万次，单站最高微博话题阅读量接近 4 000 万次，单站网红直播累计观看人数也达到了千万级别，刷新了赛事的多项纪录。两天总决赛的短视频播放量就破亿，全赛季的短视频播放量也超过之前预测的 5 亿次。

互联网化赛事就是以互联网的视角看待一个赛事的赛程、赛制、参赛队员数、比赛安排、赛事宣传、报道和传播。赛事的细节如果不利于互联网化传播，不能为赞助商的 KPI 服务，就不是黄金联赛的重点。举个例子，早期比赛开场都有领导致辞环节，看过国内赛事的人一定都不陌生。但从互联网传播数据看，这个环节既没有关注又没有视频播放量。很快，除了总决赛的客户权益致辞，其他比赛的开场致辞环节就取消了。

"三化三道"中的"三道"，则完全是为参赛者利益考虑了。一项大众赛事提升竞赛水平的核心，在于如何让球员和球迷对比赛有归属感。体育赛事参与者众多，包括球员、球迷、赞助商、媒体、俱乐部等。球迷通过购买球票及周边产品等方式消费，品牌通过广告等形式进行宣传，联赛公司则通过运营提升赛事商业价值，获得包括赞助等的商业回报。从赛事商业化运营来讲，归根到底还是竞赛水平决定赛事精彩程度和商业价值。因此，球员在赛场的表现就像演员在舞台上表演，好的球员表现，吸引球迷关注甚至追捧，球迷关注产生广告价值，球迷的购买行为也直接为赛事增值。

一直以来，新浪体育以职业化赛事的标准运营黄金联赛，力争让赛事精彩、好看、吸引人。2017赛季开始的球员国际化通道、职业化通道、商业化通道建设，吸引了中国最顶尖的球手参与黄金联赛，从而让赛事水平有了飞跃。而在精彩篮球比赛之外的一对一斗牛大赛、扣篮大赛、啦啦操大赛、街舞大赛等加分赛事，连同亲吻镜头（Kiss Cam）、助威分贝大赛、篮球大富翁等互动游戏让每站城市决赛都变成大派对，无论是球员还是观众，都能乐在其中。黄金联赛更好看，更能吸引线上和线下的观众。

除了赛场上的参与体验，黄金联赛还为参赛球员提供类似职业球员的数据统计。从2017赛季开始，我奥篮球成为黄金联赛合作伙伴，为参赛选手全程提供数据统计服务，搭建联赛数据库，推进联赛专业化建设，记录每个球员的篮球生涯档案，让每个选手在赛场的表现都"有据可查"。从球员数据统计这项服务来看，黄金联赛基本与职业联赛站在同一起跑线上。每场比赛后，参赛选手都能通过新浪体育App下载自己的比赛数据：得分、抢断次数、犯规次数、出手次数。而这些考评分享又倍增了黄金联赛的传播力度。

黄金联赛为了吸引优质球员，除了设置诱人的赛事总奖金，还在每个省级赛决赛现场向冠军队颁发金砖奖励——每人一块镀金的"金砖"，象征荣誉和财富。早在2016年，新浪体育就开始接触FIBA，为黄金联赛申请FIBA认证。当年，FIBA通过邮件给予了黄金联赛官方认证。从2017年开始，黄金联赛所有赛事都在FIBA官网上预报，所有参赛球员都开始获得FIBA的3×3积分。按照FIBA的规则，当黄金联赛的FIBA积分进入全球前5 000名之后，可自行组队参加FIBA旗下赛事。2018年开始，新浪体育就有权组队参加FIBA全球的三人制篮球赛事了。

2017年5月，新浪体育还与澳大利亚国家篮球联赛（NBL）达成合作，2017赛季黄金联赛优秀选手会参加NBL训练营，在NBL球队试训，给球员打通了一条国际化通道，让球员有机会亮相国际赛场。2018年黄金联赛和美国三人制篮球职业联赛（3 Ball USA）签约，派队参加了2018年在美国加利福尼亚州硅谷的美国三人制篮球职业联赛美国巡回赛。对于黄金联赛的优质球员来说，他们既能享受高品质赛事，又有机会通过黄金联赛搭建的国际化通道参与职业联赛。2017赛季黄金联赛参赛队伍超过3 000支，高水平参赛球员中有知名街球手、中国大学生篮球联赛（CUBA）强队队员、众多CBA退役球手，以及美国大学生篮球联赛（NCAA）注册球员等。和高手过招，你就是高手。

2017赛季在推出"三化三道"传播理念的同时，黄金联赛赞助商队伍也迎来了一位重量级选手。经过两年的沟通和准备，2017年赛事通过漫画引入二次元模式，与麦当劳达成合作，打破次元壁推出与赛事进展同步的《霸篮少年》漫画。《霸篮少年》是以黄金联赛为模型的篮球题材漫画，每期漫画的内容脉络以黄金联赛每站战况为主体。新浪体育与麦当劳的合作是一种互联网与商业品牌合作的创新，通过高品质、高关注的《霸篮少年》形式，共同传播赛事和麦当劳巨无霸的理念。《霸篮少年》的前5期，每期漫画的微博话题阅读量都在500万次以上。

你是否觉得2017赛季的黄金联赛有"三化三道"的传播推广和麦当

劳《霸篮少年》的加持就可以有恃无恐了？还差得远呢。2017年6月，黄金联赛聘请了中国篮坛传奇巨星——巴特尔担任黄金荣耀导师，并与"巴特尔体育荣耀篮途"达成项目合作。深圳、广州、成都、武汉、重庆5站比赛，巴特尔领衔明星导师团亲临现场，指导通过海选及现场选拔的"荣耀战士"们与现役CBA球星PK，最终选出20名中国球员赴美训练，拍摄一场独一无二的篮球真人秀。"荣耀篮途"将以纪实真人秀的呈现方式，把球员们所经受的残酷的淘汰过程展现在观众面前。经过现役NBA球星及名人堂设下的重重考验，最终留下的15名球员将组成"荣耀篮途"中国战队，并在北京迎接"荣耀篮途"美国战队的挑战。在巴特尔看来，"黄金联赛是国内顶级的三人制篮球赛事，双方将合力为中国民间高手和篮球爱好者打造施展自己才华的平台，让每个人都有成为明星的机会"。而一切的热闹，就是为了关注，为了黄金联赛的流量，为了中国的三人制篮球。

无论是《霸篮少年》漫画还是"荣耀战士"篮球真人秀，"体育＋娱乐"的推广策略让黄金联赛能获得更多的赛事曝光，更多关注和影响力，贡献黄金联赛的商业价值。

赛事宣传的捷径

除了体育＋娱乐，"三化三道"的传播策略，黄金联赛也在赛事规模和办赛城市选择上，探索出一条赛事宣传的捷径。

任何赛事如果能够成功，其底层逻辑都是一样简单：盈利，但是实现盈利的过程都大不相同。篮球、足球、马术、击剑、冰球、攀岩、智力运动会、街舞，这些项目有相同之处，也各有不同，但成功的模式不外乎是规模、影响力（传播力）、成本和利润。赛事达到一定规模，如果组织得力，比赛就会达到一定水准，比赛内容更精彩、更丰富。规模决定传播的内容丰富度和传播量。而赛事传播量和传播力是承载品牌内容的核心载体，就能给品牌带来曝光，形成好感，达成购买意愿，最终实现购买。能完成这一闭环，赛事商业价值不言而喻。而赞助金额减去办赛成本，就是赛事利润。

对不同赛事而言，规模的定义千差万别。以渗透率极高的篮球为例，一个能够达到盈利的规模是怎样的？黄金联赛从9个城市开始，到2019年第五个赛季覆盖城市超过120个，赛事影响力和传播力让黄金联赛可以盈利。从2018年开始，我就把中国GDP超过1 000亿元的城市名单记在了手机上。到2020年，中国GDP超过1 000亿元的城市有191个。排名第191的广西贵港GDP为1 006.33亿元。试想一下，当黄金联赛能够覆盖所有191个GDP超过1 000亿元的城市，传播和推广的工作能跟得上，其商业价值和传播价值势必能上一个新台阶。除了GDP为千亿元的城市可以作为赛事规模之大的佐证，另一个维度的城市覆盖，也能提升赛事的价值。赛事的传播力以规模和竞赛水平为核心，特殊的赛事主办地，还可以贡献额外的传播内容和价值，甚至商业价值，增加赛事传播力和影响力。那么，哪些城市和特定办赛地点能为赛事增值？

2018年，黄金联赛在合作伙伴的帮助下开始布局一些含金量高的办赛地点，比如长白山天池、拉萨、漠河、三沙、红原，还有香港、澳门、台北。这些办赛地点有特殊的知名度和关注度，自带光环，在这些地点办赛，既丰富传播内容，又为赛事商业价值添光彩。到2019年，黄金联赛已经走过三沙、红原、香港、澳门，每一站都为传播提供了无与伦比的素材，让赛事影响力达到新的高度。

同时，在这些地点办赛，也是赢得赞助商的手段之一。如果我告诉赞助商，赛场在三沙、红原、天池这些风光好的地点，他们嘴上不说，心里一定乐开了花。

高含金量赛场——天池

2018年，我和合作伙伴以及新浪吉林总经理程总一起，开始谋划在长白山天池的三人制篮球赛事。我对长白山的印象是滑雪和跑步，之前几次前往长白山都住在万达滑雪酒店，冬天滑雪，夏天跑步，但5次到访长白山，都没去过长白山天池。为了黄金联赛，2018年我和新浪吉林的程总、副总一行4人到了长白山，拜访长白山管委会，沟通办赛的细节。管委会办公地在长白山二道白河镇上。这个特别有东北味道的小镇，植被茂盛，河水清澈，宛如世外桃源。会后，我们就出发去20公里外的长白山天池。

长白山天池坐落在吉林省东南部长白山自然保护区内，是中国和朝鲜的界湖，双方各拥有一部分水域。中国一侧有边防哨所。长白山天池是松花江、鸭绿江以及图们江的发源地，也叫"三江之源"。

我们到达长白山天池已经是4月中旬，天池四周还都是积雪，白天气温在0℃上下。长白山的雪季一般从每年10月底开始，到第二年的4月结束。进入4月中下旬，长白山大部分的雪场开始融雪，雪季步入尾声。尽管有滑雪迷曾经"叫嚣"五一假期来长白山滑雪，但到时候真能滑雪的雪场就难找了。在长白山天池旁200米左右有一处边防哨所，门口有一片近500平方米的小广场，是长白山天池升国旗的地方。我踏过齐膝深的积雪，走到小广场，环顾四周，发现这真是办三人制篮球赛的好地方。随行的管委会工作人员也确认，"我们和边防武警沟通，办赛应该没问题。"那天，长白山天池的天气很晴朗，整个天池尽收眼底。说长白山天池的天气晴朗而不是当地的天气晴朗,是因为长白山天池的独特位置,山下阳光明媚,天池也会云雾缭绕,一年四季能看到它全貌的天数很少。除了风有点大,机位需要加固之外,好像再无其他问题,我已经开始想象在长白山天池边,国旗下的三人制篮球场上你争我夺的赛事盛况。我们还计划邀请曾经参加黄金联赛国际精英赛的韩国三人制篮球国家队来天池参赛。或许这场比赛会在韩国引起轰动吧。因为赛场地理位置的特殊性,我们需要把吉林赛区优胜队从长春送到长白山,住在二道白河镇,然后开车去长白山天池进行比赛。加上邀请媒体、裁判、工作人员、直播团队,准备设备和交通食宿等一系列工作,都需要管委会、边防部门、交管部门、景区的协调和资金支持。而在长白山天池非雪季举办 FIBA 认证的赛事,也符合管委会推广长白山旅游的诉求。

每年 4 月后,长白山过了雪季就进入旅游淡季。花季从 6 月底开始,然后到 9 月就是金秋。而 5 月正是空档期,在 5 月底举办赛事,白天气温能达到 10℃,比赛自然没问题。我们邀请的媒体,加上比赛的直播设备可以直接拍摄、宣传长白山天池,如果运气好能看到天池的话。我只去过一次长白山天池,很幸运是晴天,绝美景色尽收眼底。长白山天池赛事直播,加上探秘二道白河镇,寻访长白山美食——大铁锅炖土鸡,把黄金联赛变成长白山的宣传片,让长白山一年四季都成为网红打卡地。我们和管委会领导一汇报完想法,就开始规划 5 月长白山天池的比赛。我们计划组织吉林赛区 16 强队伍,加上两张外卡球队,一张外卡给韩国三人制篮球国家队,另外一张邀请上海 Kings 这样的强队,让巅峰队对决于天池巅峰。为此我们专门为韩国的三星手机做了单站赛事赞助的方案,如果三星不来,还有 LG、现代,真是商机无限。

尽管后来因为管委会资金未能按时到位,我们失去了 2019 赛季天池站办赛机会,但这样的尝试,也让人激动。

2015 年 5 月底，新浪在长白山开会，我在会议期间晨跑并写下了一篇随笔《长白山，跑者的世外桃源》和大家分享，算是弥补一下未能在长白山天池对决的遗憾吧。

清晨 6 点，长白山已经天光大亮。阳光暖暖地照在身上，好像能驱走昨日下了一整天的阴雨带来的寒气。约了著名跑友卢老师一起体验长白山上 10 公里慢跑。从凯悦酒店咖啡厅后门出来，正对着的就是通往山上雪场的木质栈道。短暂享受过初级雪场的平坦台阶后，木质栈道立刻把你带入林中，带你踏上一段 1.8 公里长，高度上升逾 200 米的心肺锻炼坡道之旅。持续的缓坡加上每隔三五步就要爬升的台阶，很快会让人心跳加速、呼吸急促，我完全顾不上享受高负氧离子的林中空气，只能紧盯着前面跑友有力迈动的双腿。好吧，我同意初级雪道也是有坡度、有距离的。

1.8 公里后栈道终止，前面豁然开朗。向右一转，就上了柏油公路。据说这条山中公路通往 20 多公里外的松江河镇。在这里安排一个半程马拉松比赛应该不错，全程一路下坡，林木繁盛，野花盛开。况且在半程马拉松的终点处，可以吃到长白县最有名的松江河大铁锅炖鸡、大铁锅炖鱼。为了摆脱柏油公路的枯燥，几百米后我们右转，上了林间盘山小道，向上 2 公里处的山顶是个微波发射站。我告诉卢老师，昨天我的朋友跑到这里，还跟微波发射站看护员打了个招呼。我俩正在谈论着，微波发射站看护从山上开着一辆三轮小车迎着我们而来。我们向他招手问早，他回复"加油"。跑过几米才发现，他身后还跟了一只京巴狗，看上去年纪不小，冲我们汪汪直叫，还跟在我们后边跑了几步。想必它阅人无数，看我们两个没有歹意，所以一会儿就扭头跟主人下山了。一个人看护微波发射站，如果没有狗狗相伴，真不知他的日子怎么过。

这条林间小路大概2公里长，是个缓坡，上面铺满了碎石，土质松软，碎石坚硬。这时，我才发现脚上的跑鞋更适合柏油公路。在这条山路上，需要附着力更强、鞋底更硬的山地跑鞋。有了一开始的那段1.8公里的心肺锻炼打基础，此时我心旷神怡，脚下轻松，能有机会看看这漫山遍野的各种小花，闻闻青翠的草木香味。当地导游说，8月是这里的深秋，到时候这里更漂亮，漫山遍野的金黄色和酒红色。所有的野花都在冬季来临之前绽放最后的灿烂，到时候野果也熟了。而对跑者而言，景色固然优美，但山里早晚温差大，中午太阳又暴晒，未必是跑步的佳季。又听说秋天是山里的熊最活跃的季节，到处猛吃野果子，准备过冬。算了，我也不一定跑得过熊，还是在这个季节尽情享受跑者的世外桃源吧！

享受过1小时15分钟的新鲜泥土和茂密丛林的清新气息，以及野花芬芳和阳光灿烂之后，我们回到凯悦酒店。想起昨天导游说的，他在当地二十几年才遇到过一次熊，人其实是这世上最厉害的"野兽"。我又不禁遐想起来，要是8月来这里碰碰运气，可能也不错呢！

高含金量赛场——永兴岛三沙市

2019年初，黄金联赛负责人伊森同我商量在三沙市办比赛。

伊森问："能在三沙市办比赛，就是永兴岛，咱办吗？"
我说："必须拿下！三沙市是中国最年轻的城市呀！"

赛事金矿　Fire the Game

　　伊森说："人可以从海口飞，但物资都要用'船'运到三沙、比赛场地，成本有点高呀。"

　　我说："你们做好计划，成本的事，咱们和康师傅商量一下。"

　　康师傅是 2019 赛季黄金联赛的大赞助商。我到访过康师傅上海总部多次，相信他们会认同在三沙办赛的价值和宣传机会。很快，康师傅同意支付额外的办赛费用并慷慨捐助了上千箱的方便面、饮用水、冰红茶。增加的费用也能让黄金联赛海南的合作伙伴邀请更多的媒体和赞助商飞到三沙参赛、观赛。

　　2019 年 4 月 27 日，我们一行人从海口乘坐南航航班，经过 1 个多小时的飞行，降落在碧海蓝天下的三沙市首府永兴岛。飞机下降时，空乘不断提醒大家不能拍照。后来我才明白，永兴岛的机场是军民共用，降落时跑道旁边的机库里一架架战机近在咫尺。

　　不大的岛上我们一下午就走了个遍，各种民用、军用设施都令人着迷，我们就像刘姥姥初进大观园一样，边走边说，喋喋不休。事先签过承诺书，只能看不能拍照。终于，在永兴岛的一端，祖国的界碑前我们被允许拍照，我和新华社的汪老师就留下了我俩在岛上为数不多的珍贵合影。

　　在永兴岛的两天两夜我不能跟大家分享太多，奇闻趣事只能自己时时回忆了。第二天的赛事很激烈、很精彩。岛上的政府部门和驻岛各个单位都排队参赛，看得出来，他们都竭尽全力了。各部门都是一把手带队上场，互不相让。想必平时也经常一起练手，互有胜负。最后的冠军队是从几十支参赛队中拼杀出来的，队员们领奖时格外威风，笑得灿烂。晚饭后我和汪老师在岛上闲逛，碰到一家餐厅酒吧，当我们坐在门外喝啤酒、吹海风时，看到 4 位穿着乔丹体育比赛服的小伙子。我们热情地招呼他们一起坐,他们听说我们是黄金联赛主办方的人,便立刻兴高采烈地加入我们。我给他们每人都要了啤酒,他们却摆手说不能喝酒,要喝冰红茶。我想,康师傅你们赚了!

永兴岛之行令人终生难忘,而对于参与三沙赛事的合作伙伴乔丹体育、康师傅等也都和我们一样,感到幸福、兴奋和满足。这样的赛事,赞助商热爱,来年,又怎么舍得放弃呢。

高含金量赛场——红原

永兴岛站后,黄金联赛又来到四川阿坝州红原县。红原县位于四川阿坝藏族羌族自治州,是当年红军长征中走过的草地。1960年,敬爱的周恩来总理为这片土地起名"红原",意思是红军走过的草原。红原镇平均海拔3 504米,属于高原地区。黄金联赛合作伙伴把赛事办到了大草原上。2019年7月,黄金联赛红原赛区的比赛成为第三届红原大草原雅克音乐节的重要活动。来红原之前我都不知道在这片大草原上,还有这么高水平的音乐会。

红原大草原夏季雅克音乐季,是四川省"春夏秋冬"四季音乐季夏季站,也是一个"高规格、高水平、高海拔"的音乐节品牌。2016年举办了第一届,第二届于2017年7月8—10日举行。2019年的音乐节在8月举行,张靓颖、崔健、郑钧等都在3 500米的高原上一展歌喉。而黄金联赛的比赛就在音乐节开幕式当天——8月2日进行。

8月1日,我们一行人踏上了红原这片神圣的土地。到达赛场时,音乐节的相关准备工作已经进入尾声。除了大舞台、观众看台和藏族羌族民族文化和产品展厅,就是在蓝天绿草下的黄金联赛主场了。球场已经修好，午后的阳光明媚、温暖。当地的年轻人已经在尽情享受篮球的快乐了。有从马背上潇洒翻身下来的牧民、穿着僧袍的僧人，还有说着我们听不懂的藏语的孩子。我们几个立刻脱掉外衣加入他们，来了一场不知道几对几的比赛。一时间汉语、藏语、羌语（我猜的）伴着爽朗的笑声在草原上飘荡。大家通过篮球能够自由交流，能够一起享受运动带来的快乐。遗憾的是，3 500米的海拔，让我们几个人的笑声很快变成一片喘息声，我们只好在场边坐下，任由当地人驰骋赛场了。

白天几分钟的运动带来的高原反应，伴着夜幕降临开始明显。但晚上，大家都异常兴奋，一直聊天、大笑，还喝了青稞酒。尽管只有一小杯，我已经败下阵来，早早回房间躺下了。可是夜里，我的心率一直在每分钟110次左右，难以入眠。终于熬到了天亮。第二天是阴天，草原上云层很厚，当地人说，要下雨了。我们吃完早饭，出发，到了开幕式现场。刚刚参观完藏族、羌族的展厅，天降大雨。尽管穿着冲锋衣还披着雨衣，仍然抵挡不住寒意。开幕式在大雨中进行，主持人、阿坝州委书记、红原镇的领导一一上台，没人在意这冰冷的雨水。草原的气候和环境造就了草原人的强悍和洒脱，反而让雨水显得有点尴尬。结果，开幕式临近尾声时，雨，居然停了。发梢的雨水还在脸上，强烈的阳光已经迫不及待地洒满草地，真是神奇的大草原。温暖瞬间赶走了寒冷，篮球比赛已经开始了。抑制不住的狂跳的心，是因为在红原比赛感到激动所致吧，我拒绝接受高原反应的困扰。

比赛在当天下午1点顺利结束，我也坚持到了颁奖典礼，握了几位年轻、快乐、皮肤黝黑的年轻人的手，温暖且热烈。合作伙伴问我要不要留下来看晚上的音乐会，有崔健，还有……算了，小命要紧。我上了车，一溜烟开到红原机场，一个多小时后，降落在成都机场，心率每分钟60次，终于恢复正常，可我立马后悔了。黄金联赛的其他同事、赞助商、合作伙伴都留在红原，观看了演出和难忘的星空。而在红原漫天繁星下的黄金联赛主场，成了2019赛季的最佳照片，单张照片的PV超过1 000万。早知道，在照片中加个启辰汽车上去，能多收几十万元广告费呢。

我想说，红原，下次，我一定不走。

赛事成功逻辑有共性，做大赛事规模，以创新传播增加赛事影响力，增加赛事收入，控制规模增长的成本，盈利只是时间和时机的问题。

3

第三部分

赛事周边的盈利机会

第 10 章
青少年篮球公开赛和篮球培训的商机

> 一开始就要在头脑里设想最后的结果，虚拟工作完成的全过程。
>
> ——摘编自《极简主义》

青少年篮球公开赛的新业务模式

2017 赛季后，我开始考虑赛事商业价值链中的其他生意机会，毕竟只靠赞助、赛事收入结构单一，也有较多的不确定性。篮球培训，尤其是青少年篮球培训渐渐走进我的视野。如果比赛是为了找到差距，锻炼队伍，那培训就是为了弥补不足。培训是比赛拿到好成绩的保障。只比赛不培训就难有进步，只能在比赛中当个"分母"。而只培训不比赛，也无法检验培训效果，验证自己的进步。如果以赛事为价值核心，围绕赛事的价值链中还应该有培训、装备、场馆、运动员经纪等一系列可以挖掘的资源和盈利机会。没有几个成年人会为自己找个篮球教练上培训课，成人知道自己的实力、潜力和空间已经不大。而儿童和青少年则完全不同。从培养篮球后备力量的角度看，黄金联赛可以发现18岁以上的潜力球员。但18岁以前，同样为篮球而生的孩子们，怎么发现、培养和成长呢？

> **黄金定理五** 掌握U12客源，就有和商超合作和获取资源的砝码。

好在中国篮球协会及时给出了答案。2017年，在国家体育总局青少年体育司、中国篮球协会、中国中学生体育协会的大力支持下，青少年篮球公开赛成立了。中国篮球协会同步推出"小篮球规则"，采用全国统一标准的小球场、小篮球和小篮架，将参赛球员以2岁划分为一个年龄组，分为U6、U8、U10、U12、U14、U16[①]等组别，不同的组别对应不同的场地面积和篮筐高度。而其运营机构就是黄金联赛的伯乐——陆总的众辉体育。

青少年篮球公开赛从2017秋季赛的10个城市、2 000余名球员参赛规模，迅速发展到2019春季赛40个城市、12 000名球员参赛的规模。同时，青少年篮球公开赛尝试通过举办夏季邀请赛、全国总决赛等赛事，丰富赛事产品，为小球员提供更多的比赛机会。从2018年开始，围绕着和青少年篮球公开赛小篮球赛事合作，我和众辉体育项目组有过多轮沟通，其间还把优秀的黄金联赛合作伙伴推荐给青少年篮球公开赛，以进一步推广小篮球运动。同时我和全国体校联合会一同探讨了合作推出"青少年教练员计划"，让有专业能力和专业认证的篮球教练教孩子们打球。

---

① U是under的首字母，如U6即Under 6，6岁以下。——编者注

赛事金矿　Fire the Game

2019年，结合黄金联赛的进展，我向众辉体育提出了与全国体校联合会合作，围绕青少年篮球公开赛赛事推进篮球教练员培训和认证，进而开展青少年篮球培训的新业务模式：赛事—场地—培训—赛事。

依托黄金联赛22个省（区、市）的合作伙伴在联赛赛季空档期承办为时1个月的青少年篮球公开赛小篮球赛事。三人制篮球的比赛场地面积为15米×11米，和小篮球全场比赛场地15米×12米的面积基本相同。这个尺寸的场地是U6、U8、U10的比赛场地，也可以是训练场地。而在大部分建筑面积6万平方米以上的商场，都有这样的室内场地，可以举办青少年篮球公开赛小篮球赛事。而U6到U12级别的比赛，1位小选手参赛，陪同参赛的家长就可能多达6位。比赛赢了，家长带小队员购物、吃饭，作为奖励；比赛没赢，家长更要带小队员购物、吃饭，作为鼓励。青少年篮球公开赛小篮球赛事一旦进入商场，对带动客流和消费的贡献是很可观的。

比赛能给商场带来客流和消费商机，办赛方就有机会和商场达成建造可拼装的比赛及培训场地的合作，既能为商场引流，又能为合作伙伴办篮球培训拿下免费或低价的培训场地。在篮球培训师资方面，通过和全国体校联合会合作，利用体校的师资力量给青少年上课；同时和全国体校联合会合作，推动青少年篮球教练员培训，推动试点省份教育厅局选送小学和中学体育老师，参加通识教练员的培训并获取资质，让有资质的教练员在商场的黄金主场开展培训业务。

商超场内的固定比赛场地、商超周边由商超建设的比赛场地，我们统称为黄金主场。后来也有当地体育局建设、交付赛事合作伙伴长期运营的比赛和培训场地，我们也都称为黄金主场。

经过和全国体校联合会商讨，我们确定了利用全国体校联合会的体校会员单位资源，提供篮球教练员培训教材、课程和认证。我们联合山东、四川、深圳等地体校的师资力量，率先开展青少年篮球培训的试点。短期工作目标为：

- 2019年在3个省（区、市）建立青少年篮球教练的培训体系，培养和认证教练员并开展篮球培训业务。
- 2020年将青少年篮球培训带进20个省（区、市），其中10个省（区、市）要进入初中和高中校园。
- 结合合作伙伴的校园赛、U15和U18的校园赛，开展培训和比赛，和青少年篮球公开赛的U14和U16形成有机互补和上升通道。
- 2020年，在全国范围内，付费青少年学员规模达到5万名。

为实现上述目标，全国体校联合会和黄金联赛合作伙伴相约提供下列资源和服务。

全国体校联合会提供：

- 向合作伙伴提供通识教练员培训和资格证书。
- 组织通识教练员参加各地篮球协会／认证培训机构的国家E级教练员培训，并获取教练员资质。
- 青少年篮球培训服务体系；城市培训、省内培训、全国培训、海外特训；管理系统，教练评价系统。
- 在区域内统一篮球培训服务价格：公开课、外教、私教。
- 提供核心城市教练资源。

黄金联赛合作伙伴提供：

- 每个省（区，市）20个青少年篮球培训教练参加通识教练员培训名额，并提供本地E级篮球教练培训。
- FIBA认证的U15和U18赛事报名和比赛服务。
- 校园篮球课教学服务（教育部门采购服务）。
- 校外青少年篮球培训和各种市场化的篮球培训服务。

青少年篮球公开赛赛事是低频项目，一年一次。但围绕赛事的篮球培训是每周进行的高频项目，在商场开设的高频篮球培训，意味着高频客流和消费。

由于青少年篮球公开赛当年的工作重点在制定赛程、赛制和各个年龄段孩子的考级标准上，原定于2019年启动的青少年篮球公开赛合作项目被暂时搁置了。而围绕着青少年赛事先开展培训业务、建设和运营场地，再比赛的逻辑不变。体育协会的首要任务是推广、发展一项体育运动项目，只有群众对项目的参与达到一定规模，才可能出现高水平选手；只有从娃娃抓起，才能发现和培养更多的优秀人才。大众赛事的群众基础和水平决定竞体赛事的发展。中国篮球协会的青少年篮球公开赛项目，为中国众多体育协会做出了表率。

篮球培训，"赛事—场地—培训—赛事"模式

青少年篮球培训看似简单，但真正能形成规模、有成熟模式的培训机构并不多。2018年，中国篮球协会开始大规模推广青少年篮球公开赛小篮球的培训和比赛。我也借机和青少年篮球公开赛执行方众辉体育探讨过合作的可行性，尤其是针对4~12岁儿童的篮球培训。如果能和中国篮

球协会小篮球项目合作赛事，再和专业培训机构合作，甚至自行招聘篮球教练，开展少年儿童篮球培训业务也会顺利很多。但当时众辉体育受中国篮球协会委托，主要精力放在青少年篮球公开赛规则制定、推广和赛事体系的建设上，篮球培训还不是当时的重点方向。我一心想在篮球培训领域有所突破，众辉体育陆总就向我介绍了优肯篮球的丁总。丁总是篮球运动员出身，一辈子都在和篮球打交道。我几次到丁总在北京中关村的办公室拜访，并到优肯培训基地看过篮球培训课程。优肯在篮球教师队伍培养、培训场馆获取和建设、外教招募、课程开发、线上缴费和消课系统方面，都有一套成熟的体系，教学水平的口碑不错。尽管不能获取其收入、成本、利润等商业信息，但从各个角度看来，优肯的篮球培训业务都比较健康。但是对于成熟和健康的优肯篮球，黄金联赛能提供什么呢？

篮球培训业务的核心环节包括培训场地、师资力量、教学课件、训练体系、报名收费系统、运动保险和康复等。2018年黄金联赛合作伙伴已经开始黄金主场的获取和建设工作。到2019年为止，黄金主场的建设已经达到20个，覆盖海口、合肥、南京、成都、马尔康、西宁，有将近100块面积为11米×15米的三人制篮球比赛和培训场地。合作伙伴只需付出极少的维护成本就可以运营赛事和培训；黄金联赛报名系统已经上线两年，增加付费模块和支付服务就可以满足收费的需求；和运动保合作，解决参加比赛和培训孩子的保险问题。环节中缺失的是与培训相关的教学课件、培训体系和师资力量。

在黄金联赛23个合作伙伴中，开展篮球培训的不多。南京、扬州、济南、银川的合作伙伴一直有篮球培训业务，但都不成体系，没有教学大纲。想在篮球培训上有所突破，就必须找到能够提供培训教材和体系，且培训成本合适的合作伙伴。这时，全国体校联合会教育发展委员会进入了我的视线。和全国体校联合会合作始于我在联想的老同事——万国击剑的张涛。2019年初的一个聚会上，我和张涛聊起开展篮球培训的想法和对培训合作伙伴的需求。而张涛正好是2018年8月成立的全国体校联合会教育发展委员会的秘书长，全国体校联合会有非常丰富的篮球培训资源。

全国体校联合会是大型机构，是于2006年由国家体育总局发起、经民政部批准的由体育运动学校、竞技体校、少儿体校（业余体校）、单项体校、体育中学、体育传统项目学校、青少年体育俱乐部、体育户外营地、校外体育活动中心及关心青少年体育发展的企事业单位、社会组织和个人自愿结成的全国性体育社会团体。2018年8月，全国体校联合会教育发展委员会正式成立，其主要职责是丰富青少年儿童体育教育的内涵，促进青少年儿童体育教育深入发展，进一步加强我国体育运动学校、业余体校、青少年体育俱乐部学校等教练员队伍建设，培养一批具有国际视野、创新思维和较高执教水平的优秀体校教练员人才。同年9月，全国体校联合会青少年体育俱乐部分会、体育标准认证委员会成立，其主要职责是开展青少年体育标准化研究，完善和建立青少年体育教练员、课程、运动场地设施、赛事体系、俱乐部运营管理等标准体系，以及运动项目技能等级评价标准体系，为会员提供标准认证等服务，引导和促进青少年体育行业发展。

成立不久的全国体校联合会教育发展委员会，需要承载起促进青少年儿童体育教育发展的使命，而黄金联赛篮球培训项目恰逢其时。有篮球培训体系和教学任务的体校众多，比如山东体校，他们的篮球专业培训基础好，课程丰富，培训体系完备。体校还是培养体育教师、篮球教师的摇篮，经过体校培训的篮球专业毕业生要面对6～12岁的青少年，给他们上篮球课。通过和山东体校的合作，黄金联赛篮球培训就有了篮球培训教材和青少年篮球培训体系。体校的教师可以直接成为篮球教练，体校篮球

第 10 章　青少年篮球公开赛和篮球培训的商机

专业的学生可以做助教。从成本角度看，教师和助教的成本是一节课 800 元，其中教师 600 元，助教 200 元。大课 20 个孩子，每人学费 120 元。小课 6 个孩子，每人 200 元。如果不计入场租成本，这账，好算的。和张涛进行几轮会议后，合作的基本逻辑就清楚了。

我接触过很多相对成熟的篮球培训机构，比如优肯篮球、东方启明星、动因体育、华蒙星，了解他们的运营模式，探讨过合作的可能性。以优肯篮球为例，U6、U8、U10、U12 和 13+ 年龄段的课程，每年 36 个课时，收费 12 600 元，平均每个课时 350 元。如果优肯篮球可以在全国 20 个省落地篮球培训业务，基本的收入模型为：每个城市 3 000 平方米的培训场地，1 000 名学员（每个年龄段有 200 个孩子），年收入 1 260 万元；20 个城市 2 万名学员，一年收入 2.52 亿元。

黄金联赛合作伙伴无法在短期达到优肯篮球的培训水平，所以课时费用设定在 120～250 元。如果能达到全国 1 万名学员的规模，以平均价格每课时 150 元，每名学员一年学费 5 400 元，就有 5 400 万元培训收入。达到 2.5 万名学员的规模，就有 1.35 亿元培训收入。而联赛合作伙伴的最大优势是，几乎没有场租的黄金主场，没有成本的培训场地。前面说过，如果培训机构在商场租赁培训场地开展培训业务，场地租金就是其中最大的成本费用。

如果以纯租赁模式办篮球培训，以一个二线城市的新城吾悦广场为例，第三层的租金就是每天 5～6 元/平方米（儿童培训的场地不能超过第三层）。以招收 1 000 名各个年龄段的青少年学员为例，培训场地、办公、仓库和基本服务大概需要 3 000 平方米。在层高方面，U10 的比赛场地需要 3.3 米净高，U12 和 13+ 的比赛场地需要 4.5 米净高。

场地租金每年是 5 元 / 平方米 × 3 000 平方米 × 365 天 ≈ 548 万元，物业费平均每月 50 元 / 平方米，合计 730 万元。加上 15 名教练、4 名工作人员的人工费用（教练 20 万元 / 年，工作人员 15 万元 / 年），人工成本 360 万元，合计成本 1 090 万元。如果按每名学员收费 5 400 元 / 年，1 000 个学员，总收入 540 万元来算这根本负担不起，如果在以上的成本中去掉大部分租金，还能好一些。

以黄金联赛和商超共建黄金主场模式，一个标准篮球场 420 平方米，6 块标准篮球场 2 520 平方米，算上 20% 的管理面积，包括接待、会员区域、仓库等，共计需要 3 000 平方米。当年合肥融创茂承诺，在外广场建设 5 块标准十人制场地作为黄金联赛主场，免费提供给黄金联赛合作伙伴进行培训、比赛等拉动客流的活动。如果在融创茂开展篮球培训，我们就只需在商场内租赁一块 420 平方米的场地，加上办公区域，共计 500 平方米，其余培训场地都在外场。而室内场地供 U6 和 U8 的孩子培训使用，U10、U12、13+ 的比赛场地一律安排在户外。据合肥的气象资料显示，一年中有近 260 天可以进行户外培训和比赛。这种 "1+5" 的模式既能解决黄金联赛主场和业主的租赁关系，又能大幅降低场租成本。

现在一起计算合肥万达茂的培训成本，商场第三层租金每天 6 元 / 平方米，物业费平均每月 50 元 / 平方米（友情价）：6 元 / 平方米 × 500 平方米 × 365 天 + 50 元 / 平方米 × 500 平方米 × 12 个月 ≈ 140 万元。再加上 360 万元人工成本，近 500 万元的总成本相对于 540 万元的收入，就有了盈利的空间。到第二年，平均课时费达到 200 元 / 课时，200 元 / 课时 × 36 课时 × 1 000 名学员 =720 万元，基于黄金主场的培训盈利模型就很成熟了（见表 10-1）。

表 10-1 黄金主场的培训盈利表

规模	收入	场地租金	人工成本	毛利
1 000 名学员	540 万元	纯租赁场 730 万元	360 万元	负 550 万元
1 500 名学员	810 万元	纯租赁场 730 万元	460 万元	负 380 万元
1 000 名学员	540 万元	黄金主场 140 万元	360 万元	40 万元
1 500 名学员	810 万元	黄金主场 140 万元	460 万元	210 万元

2019年3月，由张总搭桥，我和山东体校安校长在北京新浪总部见面，深入探讨了合作模式、运营策略、成本费用等细节。一个月后，我赴山东，再次和黄金联赛合作伙伴探讨黄金联赛的青少年篮球培训业务，并和安校长见面，继续深化合作的各种细节。为获取新浪集团内部的支持和批准，我开始起草青少年篮球培训公司业务模式文件。

"赛事—场地—培训—赛事"的业务模式

赛事：合作伙伴在各省开展黄金联赛赛事，为参训学员提供比赛机会。

场地：利用赛事进入商超，进而发展在商超的黄金联赛主场，承诺高频比赛和活动（培训），吸引客流。

培训：以全国体校联合会青少年教练员培训为依托，推动教育厅局选送小学和中学体育教师参加通识青少年教练员培训并获取资质；参加篮球教练员培训并获得E级证书；以体校的篮球培训教材和有资质的教练员为依托，在黄金主场开展培训业务，开拓国内篮球青少年培训市场。

培训的基本体系包括：

- 体能培训和测试。

- 篮球培训和相关能力测试。
- 采用运动手环进行培训数据采集。
- 利用算法平台和数据表象，为学员推荐课程，匹配教练。
- 为每个课程阶段设定测试目标并进行教学考试。

另外还有统一的篮球培训服务体系，包括城市培训体系、省内培训、全国培训、海外特训；教学管理系统；教练评价系统；服务价格体系，包括公开课、外教、私教、提高班。

合作伙伴在 20 个省（区、市）建立青少年篮球培训师资力量，将青少年培训带进 20 个省（区、市），其中 10 个省（区、市）进入初中校园和高中校园。结合黄金联赛校园赛，补充 U6、U8、U10、U12 和 13+5 个年龄段的赛事，使培训和比赛形成有机互补。在开展培训业务第二年达到 1 万名付费青少年学员的规模，每个省（区、市）500 名付费学员（一个培训点），培训收入 5 400 万元；第三年达到 2.5 万名付费学员的规模，培训收入 1.35 亿元。

在和全国体校联合会的合作计划出台的同时，我也制订了另外一套和包括优肯篮球在内的 4 家成熟的篮球培训公司的合作计划。这项计划收入更明确，但成本也更高。对于体育培训的业务，在厘清盈利模式后，确定规模就是第一要务了。2019 年，我和 21 个合作伙伴中的 13 个进行过深入、细致的沟通。如果有 10 个合作伙伴在 10 个省（区、市）能成功推广篮球培训，那么会前途无量。

然而，本来有机会为新浪体育开创新盈利点的篮球培训业务，随着中国顶级职业赛事公司筹备的开始戛然而止了。有很多遗憾，但就像前面说过的，写下来与大家分享，是个交代，也算放下。

第 11 章
完善场馆建设 + 运营，打造黄金主场

最好的投资机会存在于潜在的创新之中，而且这一创新还没有被行业巨头关注。

——摘编自《DTC 创造品牌奇迹》

篮球场馆里的生意

篮球场馆里的生意，是从和德瑞克合作中产生的灵感。

标准三人制篮球比赛场地面积是 165 平方米（11 米 × 15 米），包括一条罚球线（长 5.80 米）、一条两分球线（长 6.75 米），和标准的五人制球场宽度相同，但比五人制的半场要短 3 米。考虑到周边安全距离，不包括看台，场地大概需 280 平方米。任何一个建筑面积为 5 万平方米的商场，都可能有这样一个可供三人制篮球比赛的中庭。而在商场外的广场、商场入口附近，有这样面积的地方就数不胜数了。

| 黄金定理 六 | 在商超举办的赛事都有机会获得赞助商的青睐。 |

关于黄金联赛的很多商业化思考其实是赞助商的要求。我曾经在 2018 新浪五人制足球赛场上说过"没有赞助商的赛事是没有灵魂的"。2016 年黄金联赛迎来了第一个超过 500 万元级赞助商——联想 ZUK 手机。作为一款入门级且追求销量的安卓机，ZUK 手机首先进入联想 PC 专卖店。和苹果手机不同，联想 PC 专卖店有很多是社区店、街边店。优势是成本低，劣势是客流量有限，品牌曝光度低。在商超开专卖店对任何品牌而言，成本支出都是巨大的。有没有机会在苹果、三星大手笔开店的商场展示联想手机呢？当然有，但同样价格不菲。以一、二线城市的核心商圈内 10 万平方米建筑面积、日均 5 万客流的中大型商场为例，周末静展或者特卖场是按照面积收费。一个 300～500 平方米的展示售卖区域，一天的价格大致在 3 万～5 万元。当然，不同的城市级别，不同位置、环境的商场，收费也不同。如果联想手机想在商超做一个周末两天的静态展示，场地成本在 10 万元左右，加上布展、搭建、维持秩序的安保人员，一个周末至少要 20 万元。如果借助黄金联赛的商超赛场，这个成本就完全不同了。

2016 年初和联想手机探讨赛事对 ZUK 的品牌拉动时，我们认真讨论了 15 个赛区进商超的可行性。但当时仅是第二个赛季，在赛事举办的 15 个城市里，黄金联赛还远未达到 2019 年的知名度，也没有相应的议价能力。黄金联赛进商超成为 2016 年的一个大目标。在和众多赞助商的早期沟通中，黄金联赛的赛事传播能力不断被质疑，我们的赞助报价不断被挑战。但这也有好处，就是每年都能达成更高、更难的目标。很多新浪体育的同事不理解，也不能享受这种被要求和被挑战的乐趣。联想 ZUK 手机要求黄金联赛进商超，后来改成随手拍体验；麦当劳要求二次元漫画达到出街水平；海马汽车要求开车到商场中庭；康师傅要求在商场门口做拱门，铺地贴；三养食品想让选手现场吃变态辣的韩式方便面；百思佳床垫想让冠军球队就地躺平。我不断告诉新浪网的小伙伴，这些要求我们可以达到。但小伙伴抛给我一个杀手级问题：

"下次来个箭牌小便池赞助，我们怎么办？"

随着赛事的发展，越来越多的品牌除要求总决赛曝光之外，尤其是有央视直播的总决赛，又开始要求商超品牌展示常态化了。从 2016 年开始，黄金联赛迎来鞋服赞助品牌匹克。当时匹克正着力攻克海外市场，大手笔签约 NBA 球星，在国内签约黄金联赛，是作为品牌在国内传播的抓手以及占领新浪网和微博传播阵地的策略。匹克并没有要求太多商超曝光。而在 2018 年匹克发布"太极"系列跑鞋时，我已经预感匹克要开始加强商超投入了。随着 5 年的赛事发展，2019 赛季黄金联赛迎来急需拓展零售市场的乔丹体育。而进驻商超赛场、百亿级传播量和线上销售成了当年赢得乔丹体育赞助的三板斧。赛事进入商超的要求是重中之重。

2016 年在成都和德瑞克谈年度赛事计划时，我了解到德瑞克另外的生意是体育场馆建设。当时德瑞克承包了在成都各区的体育场馆项目，从篮球馆到室内足球馆，什么都做。以黄金联赛主场为名，拿下四川多地的篮球场地建设则是几年后的事情了。我曾经仔细研究过德瑞克建设三人制篮球场所使用的材料，比 FIBA 认证供应商更具价格优势。除了篮球地板，还有室内足球木地板。黄金联赛赛程较长，每年从 3 月开始到 10 月总决赛结束，中间横贯多地的雨季。室外赛场需要防水的塑料拼接地板，因为拼接地板的黄色和蓝色搭配，颜色绚丽，我们叫它黄金主场。后来，我们正式把可以长期使用的三人制篮球场地命名为黄金主场。2016 赛季，天速地板成为黄金联赛合作伙伴，然后是英利奥地板。一块三人制篮球比赛场地地板的成本从 10 万～50 万元不等。如果在商场门口搭建三人制篮球场地，让它成为能永久扎根商场的黄金主场，那该多好。

2018 年，黄金联赛进入青海西宁办赛。赛事合作伙伴按照我们的要求，找到海湖万达广场谈赛事合作。海湖万达广场位于西宁海湖广场，周边有三个体量相近的购物中心。2018 年 9 月，我和青海赛立昂马总一起拜访海湖万达广场。马总事先实地考察过，商场室内中庭有采光，其面积足够比赛场地和看台的搭建。我们本想要求在中庭办赛，但在听完我们介绍的黄金联赛规模、宣传报道之后，西宁万达负责人却建议我们看商场的外广场，想让我们在外广场办赛。移步外广场，往四周一看，我就明白了万达的良苦用心。这个广场正对着海湖广场周边的另外两个商场，在门口办赛，周边商场的客流肯定会被吸引过来，办赛就是集客。为此，西宁万达也愿意赞助一些办赛费用。很快我们就敲定了比赛时间、比赛规模和宣传计划。在海湖万达广场进行的黄金联赛西宁站很快圆满结束，我们招募到近 200 支球队参赛，大大超过之前在西宁举办的所有篮球赛事的规模。海湖万达广场对黄金联赛也非常满意，我趁热打铁，提出在万达广场外设立 6 块永久性的黄金主场。

2017 年开始，我们要求黄金联赛合作伙伴寻找商超场地，落地黄金主场——一年四季天天都能比赛的三人制篮球场地。落地黄金主场的目的是既能保证黄金联赛的预赛场地和决赛场地，又能成为合作伙伴用于篮球培训的场地，经营篮球培训业务。前几块黄金主场的落地工作都是我亲自参与的。2017 年，合肥商之都是第一个黄金主场，共有 4 块场地，随后南京有了第二个。到 2019 年，黄金主场甚至开到了四川红原县的大草原。

关于场馆运营的思考

我从 2016 年开始研究专业体育场馆的经营，首先接触到的是 PPP 模式（Public-Private-Partnership，公私合营），也做了关于体育场馆委托经营管理模式思考：黄金联赛"黄金主场"的拓展机会。

PPP 模式下的场馆运营：

- 已建场馆合作模式
  TOT 模式（Transfer-Operate-Transfer，产权转移—运营—产权回转）、BBO 模式（Buy-Build-Operate，购买—建设—运营）、LBO 模式（Lease-Build-Operate，租赁—建设—运营）。

- 新建场馆合作模式
  BTO 模式（Build-Transfer-Operate，建设—产权转移—运营）、BOT 模式（Build-Operate-Transfer，建设—运营—产权转移）、BOO 模式（Build-Own-Operate，建设—拥有—运营）。

PPP 模式下"黄金主场"合作机会：

- 针对政府或商业机构已建场馆，采取 LBO 模式，由赛事合作伙伴和场馆拥有方签订 10 年无偿（或者低价）租约，进行增值服务系统建设；运营 10 年之后，将增值服务系统和相关能力归还和转移（培训）给政府或商业机构。新建系统包括：网上预约系统、人脸识别系统、场内售卖系统、在线交易系统、消费积分系统。
- 针对可以提供场地的政府或者商业机构，尚未建成的场地，按照

赛事金矿　Fire the Game

BOT 模式，由赛事合作伙伴和场地承建商一起，规划和建设场地和增值服务系统，政府或商业机构出资，建成之后交由赛事合作伙伴运营 10 年，10 年后归还场地拥有方。

LBO 模式和 BOT 模式委托经营目的：

- 受托企业（赛事合作伙伴）代为经营场馆，不改变场馆的服务性质和产权所有，在一定期限内（10 年）通过提高管理效率增效。
- 增加服务内容和活动，提高使用效率。
- 增加和创建运动场景消费，提高收入。
- 扩展现场的在线消费和服务，提升场馆经营地面效应。
- 新建场馆满足大众体育运动、学生体育运动需求，成为市、县、区公共体育设施的一部分，争取政府补贴。

运动场景消费：

- 场地租金、使用费。
- 裁判／电子裁判服务。
- 比赛图片、视频服务、直播和点播服务。
- 比赛成绩、积分服务。

现场展示、销售和网购闪送配合：

- 运动服装消费。
- 运动鞋、帽子、发带、毛巾、包。
- 防护装备、眼镜、护膝、护肘。

- 普通饮料、运动饮料。
- 食品、减肥代餐。
- 运动补剂、复合维生素。

现场提供，增值服务：

- 体质检测、体脂检测。
- 体育教学课程预订，培训服务报名。
- 私教课、多人陪练、特种训练服务预约。
- 体育旅游项目（特训班、夏令营）。

场地周边服务推荐：

- 餐饮推荐二维码优惠。
- 周边 KTV、电影院推荐二维码优惠。
- 体育、娱乐项目票务服务。
- 金融、保险、彩票。
- 运动保险现场购买。
- 人寿保险推荐。

场地的商业开发和利用：

- 场馆的主冠名权（多家场馆）。
- 副馆/场地的冠名权（不与主冠名权冲突）。
- 场地展示广告（开发广告销售代理——分众传媒）。
- 空闲空间的展示利用。

场馆维护和设备维护：

- BOT 模式需签订场地维护服务商。
- LBO 模式升级已有的服务提供商和服务合同，或者选择新服务商提供场地维护和增值服务。

从 2016 年开始，我和辽宁省体育产业集团、湖南省体育产业集团等都进行过合作场馆运营的探讨，达成了一些共识，也发现了很多无法解决的问题，比如投资、产权、决策权、经营成本等。场馆运营要求业主方和运营方能为对方提供解决痛点的能力和服务。2017 年以后，我集中精力在商超落地黄金主场方面，并逐渐厘清了一些商超的痛点，在把握商超痛点后，合作就水到渠成了。

商之都是第一个真正意义上的黄金主场。2017 年，我和黄金联赛安徽合作伙伴花总，第一次拜访位于淮河路步行街上的商之都商城。这座位于老城区的多层商场当年是合肥的地标之一。时光流逝，商之都已经没有了往昔的繁华。百货商场业态近十多年迅速被面积更大、照明更舒适、装饰更现代、动线更合理、配套设施更齐全的新型商场取代，而万达广场、龙湖天街、吾悦广场都是新商场的代表。商之都的困境在于百货业态的陈旧布局无法满足作为主力消费人群的年轻一代的需求，主力消费人群纷纷光顾位置更远但布局一新的新商场。商之都在老城区，周围小区林立，地理位置优越，有巨大的潜力消费人群，但如何让这些 20～40 岁的主力消费者愿意光顾商之都？黄金联赛参赛有严格的年龄要求：18～40 岁，18 岁以下的未成年球手不是主力消费群体，无法获得赞助商的青睐。而黄金联赛的主力球员恰恰符合几乎所有赞助商的期望。既然黄金联赛能帮助赞助商获取主力消费人群的关注，那么黄金联赛能帮助商之都吗？

我们和商之都的领导经过几轮讨论，确定了在商之都顶楼露台建设 4 块黄金主场的合作意向。随着黄金主场的建成，黄金联赛合肥积分赛落户商之都，让每周的积分赛成为年轻人聚会、运动交友的平台，让商之都成为主力消费人群的聚集地。商之都负责场地建设、安保和保洁，并免费将场地交给黄金联赛合作伙伴运营。合作伙伴负责场地运营、组织赛事、提供赛事志愿者、记分和数据上传的服务。更重要的是借黄金主场试水青少年篮球培训。我们期待的运动场景是，父母带着 6～8 岁的孩子参加篮球培训，孩子在顶楼黄金主场接受培训，家长在商之都逛店、休闲、消费。同样的业务模式很快在南京落地。而西宁海湖万达广场外的黄金主场还额外担负着吸引客流、抑制竞争对手的作用。

黄金主场运营是以培训和比赛为主的业务模式。对于篮球爱好者，尤其是青少年篮球爱好者而言，比赛是培训的动力，是培训结果的检验。通过比赛看到自己的不足，在训练中可以加以提升。而没有比赛的训练会让训练者失去乐趣。黄金联赛合作伙伴中有一些本来是做篮球培训的，经过和黄金联赛的合作，他们逐渐转向每个月都进行积分赛比赛，让参加培训的青少年邀请家长到场观赛。对于之前是执行赛事的合作伙伴，我要求他们寻找有培训经验的团队，在黄金主场上进行篮球培训。

对于篮球大部分培训业务而言，教练员成本和场地租赁费用是最大的运营成本。如果能够解决场地费用，培训服务的利润就能得以保证。对于拥有 4 块黄金主场的商之都而言，如果能够开展培训业务，从周一到周五，每块场地可以进行一对十的培训，每天每个孩子两节课，一天 80 节课，一周五天共 400 节课。周六周日可以安排 320 节课，加上比赛，每周消课 720 节，一年 40 周，大约消课 28 800 节。一节篮球培训课的售价从 100～800 元不等。以 200 元为基准计算，一年就有 576 万元培训收入，减去 6 名教练和 4 名工作人员的人工费用，剩余 216 万元。

黄金主场的设立，极大地降低了篮球培训的成本。在目前国家"双减"政策影响下，很多教育机构开始谋求体育培训，包括体适能、篮球、街舞等专项培训，以重新回到商业赛道上。前面说过 1 块三人制篮球场地的面积是 165 平方米。一般的篮球培训需要至少 4 块场地，才能获得最基本的规模效益。4 块场地面积 660 平方米，加上 15% 的辅助办公面积，包括签到、报名、器械存放、存包和外卖机等，大约需要 760 平方米。根据国家相关消防安全规范，儿童教培类营业场所只能设在具备逃生条件的一到三层。商场三层租金水平明显低于一、二层，这也就能解释多数万达广场三层一般是儿童娱乐和教育培训机构的原因。

以在商业地产之王的万达广场开店为例，一块 760 平方米的黄金主场，位于万达广场三层的非核心位置，租金如下（见表 11-1，仅供参考）：

表 11-1　万达广场开店租金

城市	租金（天）	物业费（天）	合计（月）
一线	8 元 / 平方米	2 元 / 平方米	22.8 万元
二线	6 元 / 平方米	2 元 / 平方米	18.24 万元
三线	4 元 / 平方米	1.5 元 / 平方米	12.54 万元
四线	2 元 / 平方米	1 元 / 平方米	6.84 万元

一年的租金加上物业费用从 82 万～274 万元不等。

黄金联赛在 2019 年覆盖了 150 个城市，如果每个城市都能建设 4 块黄金主场用于培训，培训收入的规模可以达到 8.4 亿元。按照 2019 年黄金联赛的赛事计划，2022 年黄金联赛将覆盖 1 000 个城市，黄金主场的培训规模将接近 60 亿元。

2019 年是黄金主场建设和落地的高峰期,而之后的场地运营、篮球培训,既是机会,又是挑战。在场地建设和培训业务能形成规模和盈利前,是逆水行舟,要靠大家努力了。

第 12 章
赛事周边的生意

> 时间是衡量体验的货币。在注意力经济的基础上,停留时间成了检验体验的标准。
>
> ——摘编自《体验经济》

围绕着黄金联赛,在培训、场馆建设、运营外还有很多的生意机会。比如,比赛服、衍生品、赛事门票、赛事转播、运动员经纪等,种类繁多。

服装衍生品

2017 年初,我开始考虑黄金联赛衍生品的盈利机会。由于签了匹克为服装赞助商,我自然想到和匹克篮球合作黄金联赛衍生品,比如篮球风格的通勤服装。2017 年,赛事团队正式和匹克产品部门讨论黄金联赛专属比赛服和篮球鞋的设计与制作计划。毕竟,打造专属比赛服是服装衍生品的第一步。从匹克品牌角度看,一种单款比赛服如果不能达到 10 万件起订量,就无法支撑独立设计,必须承认这个条件在当时也是比较苛刻的。定制服装的起订量要考虑款型、设计、面料、颜色、加工、辅料、包装等因素。现有版型和面辅料的单件（一个尺码）运动T恤衫起订量是300～500件，但如果特别的颜色需要染布，一缸800公斤的布能做6 000件左右运动T恤衫。一款运动T恤衫至少有S号、M号、L号，到4X号共7个尺码，一个尺码包装袋起订量是1 000件，5个尺码基本可以满足参赛人员穿着需求。吊牌（含尺码标）起订量是1万件，当然也可以把尺码印在内领上，省了吊牌但增加了印刷成本。加工成本减少是由于大批量生产的服装款式生产效率和成品率更高。如果只考虑原材料、染色、辅料、加工成本等，1万件起订量就可以。但如果加上设计费用摊销、打版、原辅料采购的基本量、最低生产成本、入库分销费用等综合因素，10万件起订量就能接近最优成本。

2017年黄金联赛的办赛计划只能覆盖25个核心城市，每个城市256支球队参赛，共计6 400支球队和2.5万名选手。显然，这和10万套服装起订量差了不少。

2019年黄金联赛的办赛计划达到120个城市，近10万人参赛，这个数量达到单品起订量了。2019赛季服装赞助商乔丹体育有一支充满激情的产品团队，乐于花时间和我们探讨专属比赛服的设计方案。从2018赛季开始，黄金联赛向报名参赛选手收取每人39元的报名费。每位选手在赛事系统输入姓名、身份证号和手机号，缴纳39元就可以获得黄金联赛参赛大礼包：一身吊牌价是128元的乔丹体育比赛服，包括背心、短裤和球袜，运动保参赛保险，赛事服务和数据服务。

直到2019赛季，新浪体育都没有统一收缴报名费，而是让合作伙伴收取并留存。以2019赛季全部9.6万人参赛计算，报名费收入可以达到近374万元。大部分合作伙伴免去了校园参赛队的报名费，让莘莘学子可以无忧参赛。随着合作伙伴盈利状况的改善，以及赛事号召力的提升，报名费最终会成为新浪体育的办赛收入。

如果把报名费提升到 59 元，就能接近当时比赛服的出厂成本价。乔丹体育曾提议向参赛选手售卖比赛服，收取成本价。考虑到当时黄金联赛的成长势头和参赛门槛，我没有接受这项提议，但我很认同乔丹体育的需求，让每位参赛者购买乔丹体育比赛服和交报名费发放比赛服有本质区别。半个世纪以来，篮球比赛服都是跨栏背心，除了方便双臂运动，服装样式平平。有很多次，我看到赛后失利一方的队员都脱下比赛背心直接扔进垃圾箱，这太浪费了。而同样上肢运动丰富的足球比赛服就是短袖，有的还有小立领，有型有款，相比之下，我很不服。

在继续以报名费形式发放比赛服的同时，我请乔丹体育团队设计一款黄金联赛短袖通勤装，既可以在比赛时穿着，又可以在日常穿着。2018 年，随着 "新浪杯" 高山滑雪公开赛的推广，我有幸拜访了叶乔波滑雪馆。那是一个室内滑雪馆，坐落在距离杭州 30 分钟高铁车程的绍兴市柯桥区。2016 新浪五人制足球足金联赛的冠名赞助商 Joma 中国总部也在柯桥，2017 年我受老朋友叶总邀请，到柯桥参加 Joma 总部落成典礼。到了柯桥才知道，这里是中国最大的纺织原料、布匹、服装生产基地。典礼上碰到几位 Joma 的面辅料供应商，我认真请教了关于材料、编织方法、处理工艺等知识。后来再赴柯桥叶乔波滑雪馆时，我再次拜访了两家供应商，一款黄金联赛通勤比赛上衣的设计就有了头绪。

按照和供应商探讨的细节，这款比赛服的基本信息是：整体材料是防臭、速干的混合面料，涤纶和锦纶混织、涤棉或者是醋酸纤维面料，需要小批量试生产，因为要考虑综合成本。单件成衣防臭速干的醋酸纤维比普通面料贵 3～5 元，涤棉更贵，面料成本增加 8 元。款式为短袖，小立领和鸡心领两种设计，短袖腋下考虑局部开放式设计，方便排汗。胸前号码和黄金联赛品牌标志位于西装外套覆盖区，换句话说就是，在短袖外穿一件运动西装完全看不到其他印记。背后号码位于肩部下方，容易识别且不扎眼。

通勤服的设计思路就是在非比赛日大家可以穿着上班。单件成本在 30 元（鸡心领）到 40 元（小立领）。如果设计成功，生产顺利，希望该款通勤服能成为黄金联赛首个衍生品。一件零售价 88 元（小立领 108 元）的短袖，如果能达到年销量 10 万件，乔丹体育和我们都会满意。

2019 年夏天的这些思考，在 10 月，由于我的工作变化戛然而止。希望这些思考能念念不忘，必有回响。

赛事门票

2017 赛季总决赛异常火爆。比赛看台是临时搭建的，没有固定座位，但自始至终都是座无虚席。2018 赛季，众多娱乐明星开始出现在总决赛观众席。而从那时起，就有"黄牛"在五棵松 HI-PARK 篮球公园赛场外，以 300 元一张的价格叫卖我们免费发放的观赛门票。

到了 2018 年黄金联赛精英赛，更是一票难求了。

2019 年初，我和团队开始讨论黄金联赛总决赛的场地选择、表演嘉宾和门票收入。为了比赛能一炮打响，我想到全球街头篮球单挑大师格雷森·鲍彻（Grayson Boucher），外号"教授"。"教授"出生于 1984 年，在当今街球界无人不知，据说他在 17 岁那年从 eBay（亿贝）上买下了一套美国街头篮球 AND1 Mixtape 录影带，跟着苦练两年，修得正果。AND1是美国知名篮球品牌，每年夏天举办美国街头篮球巡回赛Mixtape，并且推出赛事集锦录影带。2003年7月，在位于美国俄勒冈州的波特兰纪念体育馆内举行的Mixtape巡回赛波特兰站当中，"教授"技惊四座，脱颖而出。在之后的密西西比杰克逊站，以及纽约麦迪逊花园广场纽约站比赛中，他的优异表现为他带来了AND1的签约合同，成为史上第一位白人签约球员。Mixtape巡回赛的主持人杜克·坦戈（Duke Tango）称赞他是"一位可以做每个人老师的白人科学家"，并叫他教授。"教授"由此得名。

"教授"的拿手好戏是化妆后突降某个篮球场，大肆嬉耍球场上一众业余高手。国内的斗牛赛高手"炒菜王赵强""头盔哥"等，也都是他的拥趸。如果能请"教授"到场参加一对一斗牛赛，门票一定能卖得动。2018年，我请新浪体育版权和战略合作总监李想联系"教授"。很快大洋彼岸传来了消息："教授"出场费5万美元外加差旅费，将近8万美元，相当于50多万元人民币。如果五棵松篮球馆坐满，需要1.4万名观众，平均每人要为"教授"付出35元的门票费，这不划算。还是要找到机会请客户买单，才能请"教授"来中国。2019年初，当我和其他合作伙伴商讨篮球训练营的项目时，"教授"被再次提及。后来因为档期、赞助回报等细节未能请"教授"出山，黄金联赛决赛门票销售也被暂时搁置了。但随着黄金联赛的发展，观众席如果能得到改良，能够给观众提供更舒适的观赛环境，更好的现场体验，加上日臻成熟的比赛，黄金联赛获得门票收入，也只是时间问题。

赛事转播权

2018年的某天，李想急匆匆地来到我办公室，说："有人要买黄金联赛的决赛视频。""你再说一遍，谁？要买什么？"

拜因体育（BeIN Sports）就在那时走进我的视线。拜因体育是卡塔尔人创办的公司，欧洲总部在法国，拥有法甲、西甲、德甲、意甲、欧冠、欧联杯等转播权，和西班牙的Canal+电视网，英国的天空体育（Sky Sports）一起，在欧洲形成足球赛事转播的三足鼎立局面。从2012赛季到2022赛季末，拜因体育还是昂贵的英超在中东及北非地区的版权拥有者。和拜因体育合作，意味着2018黄金联赛总决赛能被近60个国家的体育迷看到。试想一下，欧洲体育迷打开电视，在看完英超比赛后，电视画面出现黄金联赛总决赛的精彩场面。黄金联赛能够被认可，和赛事水平、精彩程度息息相关。

经过几周的谈判，2018赛季黄金联赛总决赛以60万元的价格卖给拜因体育。2019赛季包括20个省级赛决赛和总决赛，打包价100万元。

从2018年总决赛开始，与黄金联赛相关的视频、图文的内容数量和访问流量就全面超越了中国篮球频道。在没有任何国际大赛的2019年，黄金联赛成为篮球优质内容和流量担当，解决了"大赛周期之外流量剧降"的问题。

赛事成功的基础是高品质、广覆盖、高频率；赛事持续发展的基石是合作伙伴。在赛事盈利能够更上一层楼之际，要做减法，以慢为快。

4

第四部分

可复制的赛事模式

第 13 章
赛事选择要顺水行舟

> 决定我们自身的不是过去的经历，而是我们自己赋予经历的意义。人生不是别人赋予的，而是自己选择的。
>
> ——摘编自《被讨厌的勇气》

很多希望进入体育产业和刚刚入行的人，经常会问：什么是体育产业的核心资源？哪些赛事和项目最有机会成功？

2010 年前后，跑步开始风靡中国。到了 2015 年，全国各地的马拉松赛事风起云涌，热闹非凡。伴随着跑步人口的增加，很多从来没有从事过体育相关工作的人，满怀激情地投入跑步赛事的运营当中。2016 年，在懒熊体育年会上，我竟然碰到超过 10 位从事各类跑步赛事运营的公司创始人，他们经营的项目从彩虹跑、泥浆跑、障碍越野、100 公里跑、女神跑到城市定向赛。新浪体育也尝试过自办跑步赛事，2016 年和新浪成都合作温江半程马拉松，2017 年和新浪黑龙江合作哈尔滨半程马拉松。但很快我就发现，路跑项目办赛门槛很低，当时中国田径协会和地方政府也没有对办赛资质加以审核，几乎任何人都能办赛，因此导致路跑项目竞争激烈，盈利困难。究竟，哪些赛事、体育项目、体育服务是机会，能盈利？

2014年10月颁布的国务院46号文件，无疑是这些年体育产业井喷式发展的核心推手。估计2015年就有几万家新体育公司诞生，大批人投入体育产业建设中。但是这些人对于体育产业发展的指导性文件——国务院46号文件的解读却并不深刻。国务院46号文件到底说了什么，指明了什么方向，鼓励什么活动，号召什么精神，这些优惠政策会带来商业机会吗？

从2015年到2018年，我惊异地发现，很多体育产业从业人员、体育公司创始人，甚至少数体育相关公职人员，都不清楚国务院46号文件的核心。一个产业的发展离不开相关优惠政策和政策性投入的支持，了解政策、顺势而为才有机会获得成功。为此我总结了国务院46号文件精神，除去总体要求、基本原则和发展目标（到2025年体育产业GDP达到5万亿元）等纲领性文字，干货都在主要任务中。做个事后诸葛亮，我们来一起解读文件，验证当年新浪体育选择的赛事机会。

创新体制机制

> 进一步转变政府职能。全面清理不利于体育产业发展的有关规定，取消不合理的行政审批事项，凡是法律法规没有明令禁入的领域，都要向社会开放。取消商业性和群众性体育赛事活动审批，加快全国综合性和单项体育赛事管理制度改革，公开赛事举办目录，通过市场机制积极引入社会资本承办赛事。
>
> ——国务院46号文件

这意味着像"中国杯"四国足球邀请赛（商业性赛事）、黄金联赛（群众性赛事）这样的赛事活动不再需要由国家体育总局、省市级体育局和单项协会审批。2016年黄金联赛第2个赛季，距国务院46号文件发布已经有两年，我诚心诚意地和合作伙伴拜访一个办赛城市体育局时，还是遭遇了尴尬的一幕。我们的城市赛并没有获得当地体育局相关人员的支持。

> 推进职业体育改革。拓宽职业体育发展渠道，鼓励具备条件的运动项目走职业化道路，支持教练员、运动员职业化发展。完善职业体育的政策制度体系，扩大职业体育社会参与，鼓励发展职业联盟，逐步提高职业体育的成熟度和规范化水平。
>
> ——国务院46号文件

2015年3月，新足改计划也应运而生。但是足球项目的改革一波三折，举步维艰。从目前中超联赛的状况看，职业体育的发展还有很多试错工作要做。

> 创新体育场馆运营机制。积极推进场馆管理体制改革和运营机制创新，引入和运用现代企业制度，激发场馆活力。
>
> ——国务院46号文件

引入现代化的企业制度，这好像和之后各地成立省市级体育产业公司，并收纳当地已经建成和在建的体育场馆为产业公司资产的逻辑有些不同。但国家投资建设的体育设施，在没有办法产生收益和利润来回报纳税人时，也只能这样收归国有，避免国有资产流失。真心希望各地体育产业公司能多看看当年的工人体育馆模式，五棵松 HI-PARK 篮球公园模式，把体育场馆经营好。其实这两家都师承美国的安舒茨集团（AEG），该集团是洛杉矶湖人队的老板，在美国和全世界经营多个体育运动综合体，利润丰厚，成绩斐然。

2018 年，我受邀拜访一个省级体育产业集团，该集团刚刚接手了一个大型体育场馆，12 000 个座位，面临场馆改造的问题。我和产业集团董事长到现场看了场地和周边，听了他们的场馆改造计划：增加灯光、音响设备，提高演唱会的使用频率；外围修建草坪，美化场馆；改建配套裙楼，增加办公面积，改善办公环境。这个场馆位于城市核心的老城区，离主要地铁线路出口 200 米，是商业黄金之地，但该产业集团场馆改造计划的商业考虑太少了。

我问道："裙楼的土地使用性质能做调整吗？""能增加商业面积吗？""能把裙楼改建成商业综合体吗？""裙楼有上下水系统、燃气设施、隔油池等餐饮条件吗？"

以商业地产眼光看，这个项目地理位置极好，商业价值很高。如果从商业回报目的出发，围绕着比赛场馆增加零售、餐饮、快捷酒店等配套商业，整片区域的商业价值都能水涨船高。但毕竟该产业集团的 KPI 是搞好比赛场馆、让赛事能顺利执行，增加演唱会已经算突破了，其他的可以先不考虑。

培育多元主体

鼓励社会力量参与。进一步优化市场环境，完善政策措施，加快人才、资本等要素流动，优化场馆等资源配置，提升体育产业对社会资本吸引力。

——国务院 46 号文件

2015 年体育领域的媒体基本都是官媒和互联网媒体，基本没有体育商业媒体，这给众多非体育出身的财经记者提供了机会。2015 年创立的懒熊体育是其中的佼佼者。懒熊体育创始人韩牧是财经记者出身，和曾是新浪体育 NBA 资深记者的黎双富共同创立了这一互联网体育财经媒体。懒熊体育创立伊始就迅速服务所有的体育鞋服制造商。后来懒熊体育也成为黄金联赛的主要推手，做了大量有深度的报道。

引导体育企业做强做精。实施品牌战略，打造一批具有国际竞争力的知名企业和国际影响力的自主品牌，支持优势企业、优势品牌和优势项目"走出去"，提升服务贸易规模和水平。扶持体育培训、策划、咨询、经纪、营销等企业发展。

——国务院 46 号文件

从 2015 年起，体育经纪公司如雨后春笋般冒出来，我也有幸和其中几家合作过。同为体育媒体的新浪网也曾考虑开展体育经纪业务，但当时金元体育风头正劲，国内体育明星的资源有限，大球类运动员的薪水更是年年翻番，代理签约费用也跟着疯长，囊中羞涩的我们只能先蛰伏。

鼓励大型健身俱乐部跨区域连锁经营，鼓励大型体育赛事充分进行市场开发，鼓励大型体育用品制造企业加大研发投入，充分挖掘品牌价值。扶持一批具有市场潜力的中小企业。

——国务院46号文件

体育如果是产业，就应该符合产业业务逻辑和商业规则。但2015年开始，健身房的买卖突然变得很火爆，一时间众多热钱都涌入这个古老且传统的赛道。从商业地产角度看，健身房的生意属主力店业务。主力店占地面积较大，如超市、书店和影院等，其租金承受能力差，但是能带来一定客流，所以商场愿意提供比零售和餐饮略低的租金让其进入。但归根到底，健身房是个类零售的业务，营业面积和教练数量决定会员数量和会费收入，也是业务成本的核心。就像住宅地产的物业服务业务，物业费由政府监管，10年不变，一年一收，以收定支提供相关物业服务，没有爆发增长的可能。但是从2015年开始，青鸟健身、吉美斯健身等一堆健身房居然得到资本的青睐，迅速加入融资、扩大业务、准备上市的疯狂中。只要认真看一眼他们的财务报表，你就能发现他们寅吃卯粮，把3年健身合同算成1年的收入，然后炮制高速增长的报表，击鼓传花，玩的是疯癫游戏。

改善产业布局和结构

以足球、篮球、排球三大球为切入点，加快发展普及性广、关注度高、市场空间大的集体项目，推动产业向纵深发展。对发展相对滞后的足球项目制定中长期发展规划和场地设施建设规划，大力推广校园足球和社会足球。

——国务院46号文件

赛事金矿　Fire the Game

　　2015年我们选择三人制篮球联赛，是审慎思考的结果。篮球项目除了标准的五对五比赛，还有一对一斗牛赛以及二对二、三对三、四对四比赛。李宁选择了四对四的篮球比赛，使用半场篮球场。安踏推出"要疯"——一个三对三但不是赛会制的比赛。"要疯"的灵感来自多年前耐克在美国推出的房车篮球节目。几辆房车带着NBA现役和退役球员，开赴不同的城市，每到一地，球星下车在当地篮球场和篮球爱好者打一场遭遇战。房车篮球特别适合北美大陆天高云淡、高速公路网发达的状况。而且美国篮球发展水平高，能让遭遇战激情四射，火花迸溅。但在公路发达但堵车严重的国内城市，你和我最远的距离是从上地到国贸[①]。

　　国务院46号文件把足球放在特别的位置上。新浪体育是媒体，要考虑以媒体的能力为赛事宣传、报道、创造线上传播价值。标准足球场的赛事是互联网媒体没有能力进行直播的。从直播转播设备、机位数量到各种专业灯光，都需要电视台或专业转播机构才能完成。同样受限于互联网赛事转播能力的项目还有越野滑雪、帆船、速度赛马等。而路跑项目经过新浪体育的摸索，成功利用4G背包和手持摄像设备，完成对马拉松等赛事的直播报道。考虑到新浪体育的专业能力和设备情况，我们选择了五人制的足球比赛。但即使是五人制足球比赛也分成英式挡板、人造草坪、室内木质地板、笼中五人制足球比赛等多种。在仔细研究了各种赛事的规则，充分考虑赛事场地获取、直播转播需求、观众席设立、赞助商权益露出以及安保报备规定后，我们选择了室外人造草坪五人制联赛。在定下这个赛事标准前，我还特意咨询了体育评论员颜强老师和苏东老师，他们都提供了非常有益的帮助。

---

① 上地位于北京西北五环外，是中国的"硅谷"，新浪、腾讯、网易、华为等公司都在此设有办公场所。而国贸在东三环中路，距上地28公里，平时开车需一个半小时，如果是周五晚高峰时段，那就无法预计时间了。

> 以冰雪运动等特色项目为突破口，促进健身休闲项目的普及和提高。制定冰雪运动规划，引导社会力量积极参与建设一批冰雪运动场地，促进冰雪运动繁荣发展，形成新的体育消费热点。
>
> ——国务院 46 号文件

在 2015 年 7 月 31 日北京申请冬奥会举办权成功之前，我就已经开始关注冰雪项目。围绕着申冬奥的各种活动从 2015 年初就开始了。首先是陈盆滨，这个浙江台州长大的渔民孩子从南到北 100 天，一天一个马拉松，跑向北京，助力申冬奥。安踏体育是这次活动的赞助商，并推出"挑战 100"马拉松跑鞋。2015 年 10 月，我也穿着 2015 版安踏"挑战 100"跑鞋完成了 2015 年北京马拉松。2016 年 4 月底我拉着搜狐张朝阳陪陈盆滨跑了杭州段马拉松。那是张朝阳第一次跑"全马"，4 小时 40 多分钟完成，实属不易。之后我又参加了媒体人和体育人组织的北京到张家口迎冬奥接力赛，希望能在张家口冬奥赛场见证申冬奥的成功。我于 7 月 30 日跑了河北境内一段难度较大的 30 公里山路，从凌晨跑到日出，这是一段很美、很棒的体验。跑完我就赶回北京，没有参加张家口庆祝申冬奥成功的篝火晚会，但新浪网如何参与冰雪运动正式提上议程。

2016 年，我召集了新浪体育冰雪负责人迪迪、视频总监庆文和他们的团队开会，做滑雪赛事规划。2015 年新浪体育成功地和冠军冰场合作，把冠军冰场的青少年冰球联赛升级成"新浪杯"亚洲青少年冰球联赛。有了冰场支持，办赛没有过多成本，只待规模和影响力提升就可以获得赞助收入了，冰球联赛可以按此策略继续办下去。随着申冬奥的成功，2016 年冰雪工作的重点扩展到雪上项目。其实冰雪运动种类很多：花样滑冰、冰球、冰壶、短道速滑、速度滑冰；高山滑雪、越野滑雪、自由式滑雪、跳台滑雪；等等。最后我们把目标定格在青少年冰球和高山滑雪两个项目。

2016年第一次滑雪赛事规划会在大家的晕头转向中结束。会前我在网上查了几天资料，把越野滑雪、自由式滑雪、跳台滑雪等项目看了个遍。面对没有什么准备也没滑过雪的一群新浪网的同事，我当场推翻了他们的越野滑雪计划，要求他们转向高山滑雪。"选择雪道长度、门旗数量，在中级道做大众组、高级道做专业组的比赛。"我希望通过组别的安排，能让更多的滑雪爱好者，甚至初学者参与滑雪赛事。后来团队把中级道比赛叫"大圣组"，高级道比赛叫"如来组"，很是喜庆。那次会议两年后，我和庆文有过一次沟通。他当时刚刚带队报道"新浪杯"高山滑雪公开赛奥地利站比赛回来，对滑雪有着十二分的热情，他说：

当时我们所有人都觉得你疯了，让我们报道滑雪赛事，新浪体育从来没报道过滑雪赛事，我们当时甚至没有人滑过雪，居然要做滑雪赛事，大家都不懂呀，这太冒险了！

2022年2月北京冬奥会期间，我和新浪体育的资深记者、巴西奥运会新浪网媒体组负责人周超老师沟通。他也意外地告诉我："确实是思路，其实你一开始想做的我也不理解，我现在理解了。中国体育难赚钱呀！""哈哈，我们在巴西聊过这事。"我还想说，新浪体育硬是在之前不赚钱的体育赛事上，做出了成绩，证明大众体育赛事能盈利。现在想起来，多亏这些带着很多怀疑和不解，但依然和我一起努力奋斗的新浪体育人。他们的信任，成就了众多新浪体育的赛事故事。

经过一年的筹备，2016年11月"新浪杯"高山滑雪公开赛问世了。

首届赛事赞助商是中国知名户外运动装备品牌探路者。不少娱乐明星被邀请到比赛现场，参与、助力赛事推广。到了2018年冬季，"新浪杯"高山滑雪公开赛成为国家体育总局冬季运动管理中心"滑向2022大众滑雪项目"的核心赛事。当时的冒险，就是看到了从申请冬奥会举办权到2022年成功举办冬奥会这7年中暗藏的无限机会。

促进融合发展

因为涉及众多房地产企业，所以对于这一部分内容，我在这里就不细说了。

丰富市场供给

完善体育设施。各级政府要结合城镇化发展统筹规划体育设施建设，合理布点布局，重点建设一批便民利民的中小型体育场馆、公众健身活动中心、户外多功能球场、健身步道等场地设施。盘活存量资源，改造旧厂房、仓库、老旧商业设施等用于体育健身。鼓励社会力量建设小型化、多样化的活动场馆和健身设施，政府以购买服务等方式予以支持。在城市社区建设15分钟健身圈，新建社区的体育设施覆盖率达到100%。

——国务院46号文件

围绕着社区体育设施构建，黄金联赛几个合作伙伴开始和地方政府、体育部门合作，为黄金联赛积分赛争取固定比赛场地。山西和陕西的进展尤其喜人。山西合作伙伴和太原市二十几个社区合作经营社区运动场。在每个免费社区运动场旁边用集装箱改造成运动驿站，成为经营活动的大本营。

发展健身休闲项目。大力支持发展健身跑、健步走、自行车、水上运动、登山攀岩、射击射箭、马术、航空、极限运动等群众喜闻乐见和有发展空间的项目。鼓励地方根据当地自然、人文资源发展特色体育产业，大力推广武术、龙舟、舞龙舞狮等传统体育项目，扶持少数民族传统体育项目发展，鼓励开发适合老年人特点的休闲运动项目。

——国务院46号文件

结合上述文件精神，新浪体育在2015年开始尝试组织和报道马拉松赛事，但很快马拉松报道竞争日渐激烈，新浪体育迅速离开马拉松赛事服务领域。从2016年开始，新浪体育尝试过击剑联赛、健美、智力运动会、攀岩和马术赛事。纵观大众参与赛事，我把他们分成几个品类：

- 群众基础好，参与度高的大众赛事：三人制篮球、五人制足球、围棋等。
- 观赏性强的赛事：街舞、啦啦操、健美等。
- 高端体育赛事，即参赛门槛高、投入大的赛事：高尔夫、马术、冰球、击剑、攀岩等。

营造健身氛围

鼓励日常健身活动。政府机关、企事业单位、社会团体、学校等都应实行工间、课间健身制度等，倡导每天健身一小时。鼓励单位为职工健身创造条件。组织实施《国家体育锻炼标准》。完善国民体质监测制度，为群众提供体质测试服务，定期发布国民体质监测报告。切实保障中小学体育课课时，鼓励实施学生课外体育活动计划，促进青少年培育体育爱好，掌握一项以上体育运动技能，确保学生校内每天体育活动时间不少于一小时。

——国务院46号文件

从2016年开始，国家体育总局社体中心开始推广群众体育辅导员计划。让众多有体育运动基础、教育培训经验的体育人能通过社体中心的考核，成为大众体育运动辅导员，帮助更多体育运动爱好者科学健康和快乐地开展体育训练，增强人民体质。体育运动辅导员项目未来一定能成为中国大众体育发展的坚实基础。

通过反复研读国务院46号文件，新浪体育从2015年走出媒体象牙塔，举办了三人制篮球、五人制足球、青少年冰球、青少年马术、高山滑雪、智力运动会等赛事，尝试了击剑、攀岩、街舞、啦啦操、健美大赛等项目。我曾经在2018年的一次采访中说过，新浪体育办赛，三年一定要成为中国第一，否则就不做了。

跟着国家政策走，办赛就是顺水行舟，水到渠成。

第 14 章
赛事进校园，连接体育和教育

> 催化的原理不是全力推动某人做出改变，而是从更深层次了解，为什么不改变，什么阻碍了改变。
>
> ——摘编自《催化》

截至 2018 年 3 月 30 日，教育部公布的全国普通高等院校共计 2 595 所（见图 14-1）。大学校园，一直是黄金联赛成长的沃土。

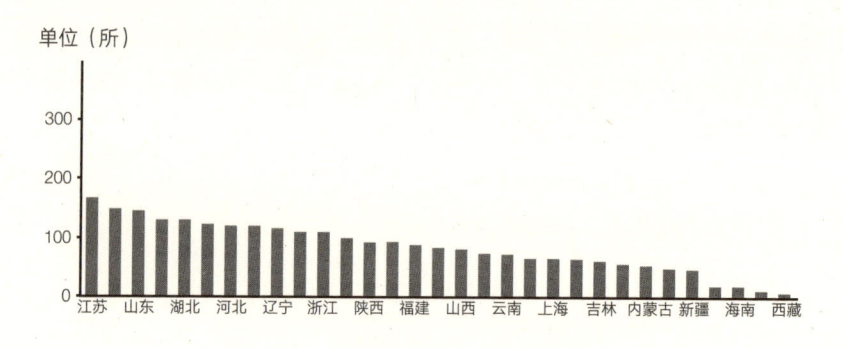

图 14-1　全国普通高等院校数量统计

黄金联赛从2015年开始，大部分省市预赛都是在大学校园里进行的。而根据统计，进入2018赛季总决赛的32支队伍中，有55%的球员是中国大学生篮球联赛参赛队员。在黄金联赛赛事体系中，有两个基层赛事：覆盖大学校园的黄金联赛校园赛和高频赛事黄金联赛积分赛。如果能让黄金联赛的基层赛事校园赛覆盖2 000所高校，其影响力就能登峰造极。

2019年黄金联赛校园赛的计划是覆盖100所高校，比赛在春季和秋季的周末进行，避开期中考试和期末考试的时间。就比赛上升通道而言，校园赛＞省级赛＞大区赛＞精英赛。校园赛的优胜队伍自动锁定每个省级赛32强席位，直接晋级省级赛32强。通过省级赛，到大区赛，然后到精英赛。同时校园赛特别申请了FIBA 3×3比赛国际积分。黄金联赛赛事部门为校园赛制定了详细的办赛流程（见图14-2）。

2019年黄金联赛校园赛覆盖14个省（区、市），近50所高校。

随着黄金联赛校园赛计划的出台，我开始把精力转向中学校园。因为中国的高考制度，中学校园一直以学习为核心，很少有体育赛事能够走进校园。20世纪80年代，北京还有区级和市级的中学生篮球联赛，后来学业渐重，中学生的比赛也越办越少。教育部在2020年发布的全国少年儿童近视率的数据如下：

2018年总体近视率为53.6%。
2019年总体近视率为50.2%，较2018年的53.6%下降了3.4%。
2020年总体近视率为52.7%，较2019年上升了2.5%。

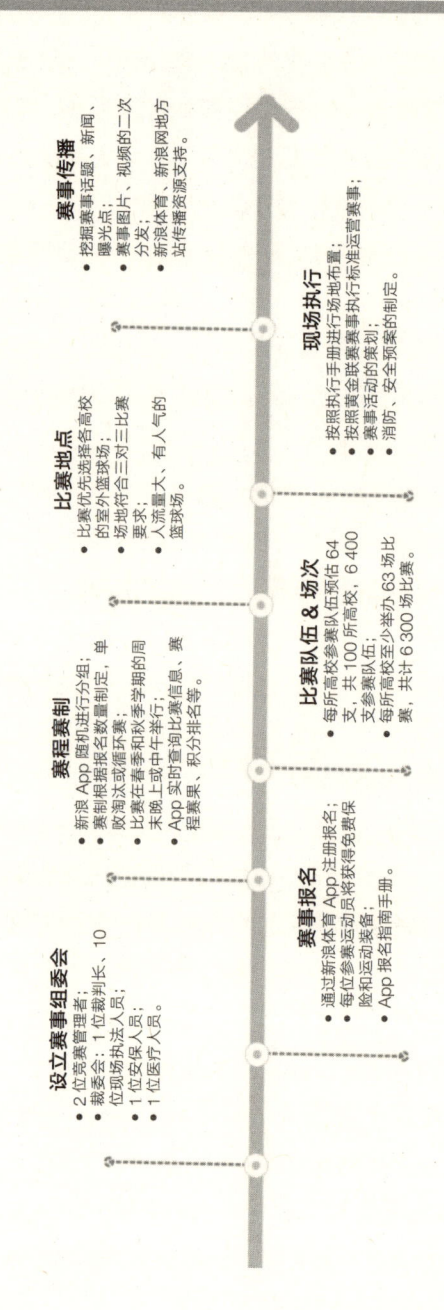

赛事金矿　Fire the Game

设立赛事组委会
- 2 位赛事管理者；
- 裁委会：1 位裁判长、10 位现场执法人员；
- 1 位安保人员；
- 1 位医疗人员。

赛事报名
- 通过新浪体育 App 注册报名；
- 每位参赛运动员将获得免费保险和运动装备；
- App 报名指南手册。

赛程赛制
- 新浪 App 随机进行分组；
- 赛制根据报名数量制定，单败淘汰或循环赛；
- 比赛在春季和秋季学期的周末晚上或中午举行；
- App 实时查询比赛信息，赛程赛果，积分排名等。

比赛队伍 & 场次
- 每所高校参赛队伍预估 64 支，共 100 所高校，6 400 支参赛队伍；
- 每所高校至少举办 63 场比赛，共计 6 300 场比赛。

比赛地点
- 比赛优先选择各高校的室外篮球场；
- 场地符合三对三比赛要求；
- 人流量大、有人气的篮球场。

现场执行
- 按照执行手册进行场地布置；
- 按照黄金联赛赛事执行标准运营赛事；
- 赛事活动的策划；
- 消防、安保预案的制定。

赛事传播
- 挖掘赛事话题、新闻、曝光点；
- 赛事图片、视频的二次分发；
- 新浪体育、新浪网地方站传播资源支持。

图 14-2　黄金联赛校园赛办赛流程

146

根据《中国眼健康白皮书》显示，2018年中国大学生总体近视率接近90%。如果不能在小学、中学校园开展体育赛事，让孩子们能德智体美劳全面发展，到了大学就为时已晚了。篮球进校园，体育赛事进校园，尤其是中小学校园，刻不容缓。

和大学校园不同，中小学校园有严格的拒绝商业化的规定。2018年教育部发布《关于严禁商业广告、商业活动进入中小学校和幼儿园的紧急通知》，再次强化相关要求。

校园办赛必须秉承公益性和非营利目的原则

校园办赛的同时，教育系统可以向体育老师提供相关单项运动的培训，并出资选送体育老师参加通识培训和专项培训。经过培训和通过等级考试的体育老师回到校园指导学生参与训练和比赛。而这些通过等级考试的体育老师，可以利用周末时间，成为校外、商超培训机构的授课老师。

2018年我和黄金联赛合作伙伴开始走访各省（区、市）教育厅，希望能为三人制篮球、五人制足球项目进校园找到突破口。功夫不负有心人，经过逾半年的努力，黄金联赛安徽省合作伙伴率先和安徽省教育厅达成了初步合作意向。2018年10月，我和黄金联赛合作伙伴、安徽昔往今来公司负责人花总一起拜访省教育厅。在几轮合作计划汇报后，新浪体育和昔往今来公司一起向省教育厅提出以下的合作建议：

> 安徽省教育厅通过考察、研究，拟同意新浪体育提出在安徽省试点中学推广三人制篮球和五人制足球项目，由新浪体育发起，安徽昔往今来公司执行相关赛事、培训和推广试点活动。

赛事金矿　Fire the Game

如何连接体育和教育

新浪体育向安徽省教育厅下辖的大学和中学推广由 FIBA 认证的赛事黄金联赛校园赛供各个年级的学生参与。按照 FIBA 竞赛体系提供 U15（七年级至九年级）、U18（高一到高三）和大学生三个级别的比赛。

新浪体育向安徽省校园赛提供：

- 为黄金联赛开发的新浪体育 App 用于校园赛的报名平台。
- 与 FIBA 接轨的积分体系，用于国际三人制篮球个人积分和排名。
- 为安徽省校园赛申请中国首个 FIBA 认证（包括 U15、U18）。
- 向安徽省校园赛参赛者提供商业保险。
- 新浪体育利用新浪网、手机新浪网、新浪体育客户端、新浪新闻客户端、新浪安徽的网络媒体平台，对校园赛提供图文报道、视频报道、视频直播、短视频节目等形式的推广服务。
- 新浪体育利用微博资源对校园赛提供图文、视频、短视频报道，直播、微博话题，协助参与学校建立微博账号，并指导其互联网社交资产的运营。
- 新浪体育利用其媒体报道矩阵，包括新华网体育、人民网体育、央视网体育、优酷体育、微博体育、头条、企鹅体育、网易体育、搜狐体育等，共同推广安徽省校园赛。
- 新浪体育通过其安徽省合作伙伴昔往今来公司提供报名安排、竞赛管理、赛事执行等赛事基础服务。
- 新浪体育向安徽省各学校提供三人制篮球教练和裁判培训，提供三人制篮球战术和训练的基础培训，并提供视频、图文教材。
- 2019 年安徽省校园赛（试点）从 2019 年 10 月开始，到 2019

年 11 月结束；2020 赛季的校园赛将由 2020 年 4 月开始，到 2020 年 11 月结束。

安徽省教育厅作为安徽省校园赛（试点）的指导单位提供：

- 以省教育厅文件的形式，鼓励和要求全省试点学校参与和支持三人制篮球校园赛进入试点校园。
- 要求试点学校向黄金校园赛提供竞赛场地、赛事基础支持，包括志愿者、经过培训的裁判等。
- 组织省内中学和大学派篮球相关教学人员、裁判员参与新浪体育和省教育厅共同组织的三人制篮球教练员和裁判员基础培训，参与校园赛的报名系统的培训。
- 经过培训的教练员和裁判员将与安徽昔往今来公司配合在试点学校举办校园赛的比赛。

在合作计划执行之前，新浪体育委托安徽昔往今来公司和安徽省教育厅对三人制篮球项目在合肥进行为期 3 周的调研，并提交调研报告。报告用于修改合作方案、赛事执行方案，并进行项目试点。调研时间为 2019 年 6 月，调研报告于 2019 年 7 月 15 日前提交省教育厅。

合肥市为三人制篮球试点城市：

- 安徽昔往今来公司和安徽省教育厅合作，在合肥市两所大学、两所中学开展试点调研工作，了解相关学校的场地条件、师资情况、现有的篮球教学和赛事。
- 经调研，完成调研报告，并进一步完善校园赛进校园的试点计划。

赛事金矿　Fire the Game

- 试点结束后，于 2019 年 9—11 月，开展 2019 赛季的安徽省校园赛（试点）。

新浪五人制足球，足金校园赛（试点）：

- 试点城市蚌埠、芜湖。根据校园赛调研试点学校赛事开展情况，有序开展足金校园赛的试点工作。
- 新浪体育和合作伙伴在推广篮球进校园项目中，积累了经验，打通了体育与教育、校外与校园的沟通合作渠道。

该项目由于我 2019 年末的离职未能实现，希望合作伙伴能卧薪尝胆。

第 15 章
五人制足球足金联赛的成功秘诀

> 小即是大。即使是小事，也可能带来巨大的改变。掌握了正确的方法，养成好的习惯，积极的改变和带来更好效果就很容易。
>
> ——摘编自《福格行为模型》

2016年初，刚刚完成首个自创三人制篮球赛事的新浪体育，又来到了一个新的十字路口。2015年底，对黄金联赛的复盘和与众辉体育陆总的沟通，让我对自办大众赛事有了一些新的期待。如果自办赛事能取得商业成功，赛事本身就是内容传播，既可以满足新浪体育的内容建设需求，又能为新浪体育的发展奠定基础。

| 黄金定理七 | 大众赛事可以借助国际大赛增加曝光度，从而获得赞助。 |

新浪体育当时的内容团队按照体育项目分成 NBA、中国篮球、国际足球、中国足球、综合体育，而编辑、记者专业基础最好的是从新浪体育起家的班底：足球内容团队。2018 年有俄罗斯足球世界杯，势必会掀起一股足球热潮。如果从 2016 年开始准备足球赛事，到 2018 年就有机会收获成果。随着中超 5 年 80 亿元的天价版权交易的成交，足球赛事在众多资本的追捧下如日中天，足球赛事应该有成功的机会。

秘诀一：赛事选择要结合自身优势

可是，三人制篮球赛事才刚刚起步，完全没有收入，再办足球赛事，行吗？足球比赛种类繁多，到底选哪个项目？哪个足球项目能让新浪体育扬长避短，另辟蹊径？中国已经有了成熟的三级职业联赛体系：中超、中甲、中乙，就连五人制足球也有中国足协的五超联赛和商业赛事五人成军的比赛，到底选哪个项目才能杀出重围？

其实足球比赛除了大家熟知的十一人制比赛外，还有众多类型的比赛，其中比较成熟的是七人制足球比赛和五人制足球比赛，此外，还有九人制的足球比赛。标准十一人制足球场的面积是 68 米 ×105 米，七人制足球场的面积是 40 米 ×70 米，五人制足球场的面积是 25 米 ×38 米（也有其他规格），三人制足球场的面积是 14 米 ×24 米。黄金联赛的负责人伊森是专业足球运动员出身，自然提供了非常重要的意见，他建议赛事使用室内五人制足球（Futsal）规则。

Futsal 的由来可追溯至 1930 年，在乌拉圭首都蒙特维多，一位名叫胡安·卡洛斯·塞利亚尼（Juan Carlos Ceriani）的人，为基督教青年会办"青年杯"时设计出一套五人制的足球比赛规则，利用篮球场进行比赛。Futsal 的字义源自西班牙语或葡萄牙语的"足球"（Futbol, Futebol）及法语或西班牙语的"室内"（Salon，Sala），由两词合并而来。Futsal 亦可称为室内足球（Indoor Soccer）或者是小足球（Mini Soccer）。最早管理室内足球和各种比赛的组织是国际室内足球联盟（FIFUSA），联盟于 1971 年成立。1989 年，国际足球联合会（FIFA）接管了 Futsal 的运作，加速了五人制足球的发展。之后出现了使用室外场地的 FIFA 五人制足球、英国开创的英式挡板五人制足球等多个技术规范。

足球比赛种类不同，参赛选手数量和场地就不同，赛事组织、场地供给、使用成本、直播报道的难易程度也不相同。从比赛场地面积看，五人制足球比赛最适合互联网媒体做直播报道。800～1 000 平方米的比赛场地、3 个固定机位、2 个运动相机就能基本满足赛事直播需求。确定五人制足球赛事之后，选择哪种五人制呢？Futsal 是室内比赛，有利于转播，但场地一般设在大学体育馆，场馆数量少，商业化推广有难度；FIFA 五人制的室外比赛用的是人造草坪，场地众多，但需要搭建看台，受气候影响大；英式挡板有莱因克尔代言，挡板可以充分商业化，但需要建围笼，这样的场地 2016 年全国只有不到 200 块。带着诸多的疑问，我分别请教了我熟识的足球专家颜强老师和苏东老师。

两位老师对发展五人制足球的方向都很认同，但对于哪种规则的五人制却有不同看法，不过他们都对我想办五人制足球赛事感到惊讶。颜强当时是网易体育总经理，后来在 2016 年离职，创建了肆客足球。当时肆客足球立志做好足球内容，颇受当时资本的关注，所以对办赛持保留意见。而同为足球解说员的苏东老师很低调，给了我很多的意见和建议，支持我在自办赛事上做尝试。"当时梅西都是从五人制足球开始（起步）的，五人制足球尤其对青少年来说，是重要的历练。"

和专家沟通后，我还是有些犹豫。会有人愿意关注五人制足球吗？会有人投资赞助五人制足球吗？新浪体育能做好五人制足球赛事吗？后来的事实证明，我当时的担心是多余的。从五人制足球足金联赛创办初始，这项赛事就受到了众多足球名宿的关注和支持。在足金联赛成长的 4 年中，金志扬指导、杨晨、马明宇、邹侑根、曲圣卿、徐云龙、徐阳，还有非常多的足坛前辈、国脚、名宿为足金联赛站台，为中国的足球发展助力。而新浪赛事团队以伊森为首，都对足球有深刻的理解和热爱。

秘诀二：要和潜在赞助商交朋友

2016 年 6 月，叶齐出任 Joma 中国总裁，开始了西班牙传奇体育品牌的中国拓展。认识叶总时我还在联想。当时叶总在特步公司工作，刚刚开始跑鞋产品的推广。我当时正带领联想如火如荼地开展体育营销，联想手机每次都以极合理的价格成为马拉松赛事赞助商。在一个马拉松论坛上我和叶总同台，都在推广跑步的我们自然成了朋友，我也在多个场合协助叶总推广特步跑鞋。多年后，当叶总受吉利汽车老板李书福邀请，负责西班牙的 Joma 品牌的中国业务时，我们又走到了一起。Joma 创立于 1965 年，是世界第三大体育服装品牌，也是欧洲最著名的足球服装品牌之一。听到叶总走马上任的消息，我立即意识到，足球赛事的机会来了。

Joma 的足球基因让我和叶总及其团队的沟通与计划工作进展得很顺利。我们选定五人制足球赛事，按照 FIFA 五人制足球规则在室外人造草坪上进行比赛。赶上雨天，就改为室内比赛。为每名踢五人制足球比赛的球员都准备两双足球鞋，一双带鞋钉球鞋用于在室外比赛，一双平底球鞋踢室内木地板比赛。我们计划在 2016 年至少在 10 个城市执行赛事，每个城市招募 100 支参赛队，总参赛人数达到 7 000 人。Joma 作为赛事的冠名赞助商，提供专业的足球装备。新浪体育负责每个城市的参赛队伍招募、赛事组织、活动执行、宣传和报道，并对首年的赛事提出下列 KPI：

赛事城市：10个一、二线城市。

参赛队伍：不少于1 000支。

参赛队员：不少于7 000人（按报名数量）。

赛事直播：新浪体育提供10个城市的决赛直播，时长30小时。

社交媒体：微博40个体育大账号和MCN参与报道。

报道量：UV200万，PV5 000万，VV2 000万。

微博话题阅读量：2亿次。

上述KPI对首届赛事是不小的考验，好在有一个赛季的黄金联赛成绩垫底，让我多少有些信心。在比较了黄金联赛办赛成本后，团队有信心把10站比赛的成本控制在200万元左右。于是我和叶总达成了200万元首年现金赞助，40万元实物（装备）赞助的"君子协定"。叫"君子协定"的原因是，我们没有获得新浪网的支持。

从2016年7月开始，赛事团队和新浪体育运营负责人开始和财务部门申请开辟赛事的第二战场——足球比赛。由于首届黄金联赛颗粒无收，这次财务部门负责人斩钉截铁拒绝："哪个工牌也不管用！"

秘诀三：把握机会也要敢于冒险

纠结了两周，我下决心要做足金联赛。在一番左思右想、咬牙切齿后我决定自己注册公司，运营足金联赛，待赛事成熟，再把赛事交还给新浪网。当时我已经工作了25年，这25年职业生涯中从来没有做过如此"大逆不道"的事情。但想要改变新浪体育的被动局面，通过赛事获得内容和收益的机会，我别无选择。于是在那个火热的夏天，我一边招募员工，一边注册公司。我给公司起名赋力体育，英文名为Football Lead。注册公司很顺利。我找我的老同学帮忙，在北京市石景山区雇请专业公司，注资验资、工商税务等一切手续在 1 个月内基本完成，但招聘方面却没有进展。我找了几位做过足球赛事，尤其做过五人制足球赛事的人，但大家一听不是入职新浪体育，而是一家刚刚成立的公司，营业执照上的章还没干透，便纷纷退缩。最后，我找到马剑。在我坦诚相告实情、充分描绘未来，并提供和新浪网匹敌的薪资后，他欣然同意加入，此时已是 2016 年 8 月。

2016 "Joma 杯"新浪 5×5 足金联赛终于在 10 月底鸣哨。新浪体育作为全程媒体合作伙伴获得联合冠名，赛事由赋力体育执行。由于开始时间太晚，很多城市的场地预订、比价工作都没有时间提前准备，没时间的代价就是办赛成本上升。为了保证赛事的精彩程度，我勉强同意提供 20 万元总奖金。另外一个对办赛成本影响较大的是差旅费用。由于足金联赛负责人和赛事执行员工都是赋力体育的人，差旅费用不能像黄金联赛早期那样，算在新浪体育的差旅费用里，9 个城市下来，光差旅成本就逾 20 万元。

2017 年 1 月 2 日至 3 日，第一个全国性的五人制足球大众精英赛——2016 "Joma 杯"新浪 5×5 足金联赛总决赛在广州体育学院体育馆精彩上演。来自全国 10 个赛区的优胜队伍与香港、澳门特别行政区的特邀代表队上演捉对厮杀。广东省足球协会副秘书长席兵，新浪网高级副总裁、新浪体育总经理魏江雷，Joma 足球事业部总经理尉海，赋力体育副总经理、赛事运营事业部总经理马剑等嘉宾现场见证了足金联赛全国冠军的诞生。最终，来自广州的广体康越威玛斯队摘得桂冠，来自北京的北京体育大学一队获得亚军，来自长沙的长沙四海成基金队获得季军。

——摘自媒体报道

第 15 章　五人制足球足金联赛的成功秘诀

2017年春节后,我和马剑计算了赛季全部费用,第一届足金联赛产生了30多万元的亏损。但对于一项首届落地10个城市的足球赛事,大家问心无愧。第二天,我万分忐忑地和我的老板杜红坦白交代。在说明了前因后果,提交了全部赛事介绍、费用清单后,老杜深吸了一口气。我的思考是:如果公司能接受足金联赛,我可以自己负担赋力体育的亏损,把足金联赛归还新浪体育;如果公司不能接受我的离经叛道,我也只有引咎辞职了。毕竟,新浪体育太难干了。老杜说道:"新浪网可以收购赋力体育,赋力体育的员工加入新浪体育,足金联赛由新浪体育运营,亏损新浪网负担。"停顿了几秒之后,她又说:"阿瑟,你可不能再这么干了。"我说:"真的不敢了。"

几天后,我找到集团董事长老查负荆请罪。一定是老杜帮我说了好话,老查才没有过多追究,放了我一马。直到今天,我也要感谢老查、老杜两位老板的宽容。没有他们的宽容,就没有2018年足金联赛的火爆。

2018年是世界杯大年。雅迪电动车和东风风神同时成为足金联赛的冠名赞助商。面对两个千万量级的赞助商,足金联赛按照时间和城市,分成足金联赛精英赛和足金联赛大师赛。从2016年10个城市、200万元现金赞助,到2018年40个城市、2 000万元现金赞助,这份答卷,可以交了。

第 16 章
高端小众赛事的举一反三

> 领导者治心，而不是治事。治事可以由中层干部负责，而高层领导者要考虑如何"使民心一"，如何授人以渔。
>
> ——摘编自《创始人手记》

2015年黄金联赛蹒跚起步，2016年五人制足球赛事足金联赛顺势而为，新浪体育还能做什么？

"新浪杯"未来之星马术大赛

新浪体育篮球和足球项目依靠全新的赛事团队开创、推进，其他赛事则是在内容能力的基础上应运而生的。2017年，新浪体育开始试水马术和冰球两项赛事。首先要弄清楚的是，这两项赛事是谁参赛，谁出钱，谁投资，谁赞助。

第16章　高端小众赛事的举一反三

> **黄金定理八**　小众高端赛事的办赛目的是为俱乐部增加青少年付费会员。

2015年，我第一次接触马术项目。当时在北京顺义天星马术俱乐部，我跟着一众比较资深的玩马、爱马、养马之人，开始学习障碍赛马。从基础知识、装备、马匹介绍、竞赛规则到选什么样的胡萝卜喂马，一样儿没落，一样儿不精。很快，比我"发烧"的马友率先办卡，率先购置了全套装备，率先开始看马（准备买马）。从新疆马到内蒙古马再到阿拉伯马，还有马匹中介、进口、检疫防疫、马舍。我是那时才知道国外还有马匹福利、马的权利。举个简单的例子，一匹马如果受伤了，按规定得到医疗救治、休息、养老，估计比我的待遇还好。在我即将心动之际，我的这位朋友在每周4次的训练中跌落马背，锁骨、肋骨断裂数根，半年之内无法正常行走。我在惊愕之余去俱乐部了解了惨剧发生的原因。"岁数大了，骨质疏松，就不能学人家小孩子的动作了！"我如梦方醒。环顾四周，练习马术的都是十一二岁的小姑娘和小男孩。像我朋友这样年纪的人，都是在场边喝咖啡、观摩、玩手机、结账。马术，其实是孩子的运动呀。自此我打消了办卡、聘教练、置办全套皇家风格装备和看马的念想，专心思考如何办个马术赛事，让孩子参与，让家长付钱。

2016年，新浪马术团队从1人开始，到有了1.5人的"豪华"配置（那位按0.5算的人既做内容，又参与赛事）。团队首先和北京市马术运动协会确立了合作关系，然后联系、走访了北京市所有的马术俱乐部，并且远赴山西、内蒙古、海南、浙江、上海、江苏和东北地区，了解马术市场，了解俱乐部运作，寻找赛事举办的契机。经过2017年一年的筹备和参与小规模赛事的报道，2018"新浪杯"未来之星马术大赛正式登场。

赛事金矿 Fire the Game

马术运动和篮球、排球、乒乓球、羽毛球一样，都是舶来品。与其他体育项目不同的是，马术项目更难、更贵。

"马术可以看作小众高端与平台价值链的一个结合。它源自欧洲，需要青少年对马有了解，对人与马相处有认知，对马术的规则、礼仪、着装各方面有了解，而这些都会为他们带来精神层面的提高。"马术就像青少年的礼仪学校一样，这也是新浪体育选择马术项目的原因之一。还有一个原因是，马术项目的参与有较高的门槛，参与者、投资者、场外的观众都是高净值人士，含金量高，是赞助商热爱的群体。

这个群体有多大，潜力有多大？据不完全统计，截至2017年7月底，全国马术俱乐部共计1 452家。《2017年中国马术市场发展状况报告》显示，2017年，国内各俱乐部平均年卡价格在12 000元以上，俱乐部会员的价格在20万元以上。北京地区年卡平均消费14 402.9元，华东地区更是突破了16 000元。马术俱乐部2017年度平均销售额达到了637万元，以1 452家俱乐部算，2017年全国马术俱乐部销售总额达到了92.5亿元。

仅就2017年来看，马术产业已接近百亿级市场体量，考虑到我国人均GDP为8 836美元，距离世界银行提出的人均GDP 1万美元大关已经不远，中国马术市场的爆发或许将在近一两年实现。

——摘自《2017年中国马术市场发展状况报告》

对于新浪体育，等到马术产业全面爆发时再布局恐怕为时已晚。在体育领域，先行者的盈利未必很多，但迟到者的成本都是巨大的。2017年新浪体育试水马术赛事，赞助商也都在试水，但新浪体育作为体育媒体打造的项目，会聚合海量媒体资源，能够让赞助商看到传播的影响力和价值。而和北京市马术运动协会（以下简称"北京马协"）的合作，则让新浪体育的马术大赛直接站到了巨人的肩膀上。北京马协成立于1993年，是中国成立最早、规模最大的5A级体育社团。和新浪体育合作以前，北京马协已经拥有未来之星马术大赛、"冠军杯"马术巡回赛、北京马协速度赛马公开赛、北京马协舞步巡回赛等多个赛事。

2018赛季，新浪体育有备而来。从2018年5月起，和北京马协合作的"新浪杯"未来之星马术大赛在中国、法国、德国、意大利在内的全球14个城市举办分站赛。顺利完赛的人马组合出战8月在北京举办的总决赛，整个赛季有约1 000对人马组合参与角逐。一个赛季1 000对人马组合，或者一场赛事200对人马组合，都创下了当年障碍赛马的中国之最。在完成2018赛季15站比赛后，更多的赞助商开始认识到这个项目的优势，未来可期。

2019年第三届"新浪杯"障碍赛马比赛首站设在浙江慈溪。杭州与慈溪相距130多公里，沿途有波澜壮阔的杭州湾，也有连绵不断的茶山，景色秀美。"新浪杯"障碍赛马的赛场在慈溪的浙江马汇。这个俱乐部占地面积40万平方米，前期只开发了20万平方米，建有马厩、酒店、训练场和一应俱全的配套设施。马术俱乐部的老板是个"85后"的腼腆小伙，名叫温斯顿（Winston），其家族是知名德国汽车品牌中国最大的零部件供应商。温斯顿很谦和，说话很慢。赛场就是俱乐部的训练场，令我意外的是，训练场外的空地上，居然建造了一个临时性的观赛休息室。休息室有观赛玻璃屋、酒吧、餐厅，里面空调、地毯、沙发一应俱全。整个休息室耗资100多万元，赛后即拆。我倒吸一口凉气。整个赛事都是温斯顿承办，包括几十万元的总奖金。而近100位参赛选手、150匹参赛马，让赛事水平得以保障，可这投入产出的情况怎样？赛后的答谢晚宴上，我问温斯顿："这么大的投资，怎么能收回成本？"

温斯顿说："我现在的俱乐部已经没有能力吸纳新会员，但还有20万平方米的地待开发。酒店已经有了，再投资1 500万元左右，1年建成新的马厩和训练场，可以容纳200位新会员。这次比赛有来自湖北、江苏、福建的参赛选手，浙江的更多。我这两天签约了近60位新会员。"

我来时看到了俱乐部的优惠会员计划，每年35万元。60位新签会员，2 100万年费，这笔账，我算得过来。

在新浪体育不遗余力地推广马术运动时，围绕着黄金联赛的娱乐化传播、社交化传播、互联网化赛事运营"三化"传播和运营策略，马术赛事团队开始思考如何"三化"马术赛事。首先想到并邀请到的是同样爱马，但不骑马，且把马当蝈蝈养的于谦老师，我们都亲切地称他为"谦哥"。谦哥准时出现在新浪马术赛事的发布会上。当时新浪马术刚刚起步，别说出场费，连来回的交通费也没给谦哥报销过，对此，我实在是羞愧难当。在2017年底谦哥朋友的晚宴上，我计划当面许诺若干年后重金相谢。受到我对新浪马术赛事的热情的感染，谦哥没让我把重金相谢的话说出口，还送了我一箱"谦酒"。这酒的发音就是"歉疚"呀，但谦哥万分大度地坚持道："都是朋友！"

在错失头马代言人之后，我们把注意力集中到华天身上。自2008年征战奥运赛场起，华天也一直在思考如何在中国推广马术运动。"非常幸运，很多人支持我去从事自己喜爱的运动，但是如果我还是像过去一样仅仅在赛场内去推广马术运动，似乎还不够。"华天希望用一种更阳光、更健康的方式去推广马术运动。华天认为，所有社会阶层的人都可以关注马术运动，参与马术运动，感受马术运动背后的文化与内涵，"这是我想推广的东西"。

推广马术运动让新浪体育与华天走到了一起，我们和华天签署了战略合作协议。新浪体育此前很少和个人签约，当然罗纳尔多除外。

"和华天合作，是因为从推广的角度讲，马术运动需要一个有形象、有智慧、有骑士精神的代言人，帮助国人加快对它的认知。"当时在我眼里，除了谦哥，华天之于马术就如同李娜之于网球，丁俊晖之于台球一样，对中国马术运动的普及将起到别人无法替代的作用。

其实在2018年，虽然有谦哥的热爱、华天的加持，中国的马术运动还是举步维艰，国内马术俱乐部的盈利现状依然严峻。75%的俱乐部采取开放式培训经营，从2015年至2022年，亏损俱乐部占比逐年递增，盈利俱乐部所占比例逐年下降，这与马术俱乐部前期投资成本高、后期收益慢有很大关系。《2017年中国马术市场发展状况报告》指出，2015年，经营不善导致亏损的马术俱乐部仅占22%，但到了2017年，这一数字变成了40%。在冰冷的数据面前，我们距离中国马术产业的春天还有很长的路要走。但当年的新浪体育和新浪马术团队的成员，都决心和冰冷结伴前行，共赴春光。

"新浪杯"击剑比赛

我对击剑的兴趣来自多年前的一次击剑课程。2009年我在联想工作，当时新兴市场集团的一次季度工作会议在新加坡举行。由于会议是在周六，周日就由新加坡团队组织我们参加了击剑训练。击剑教练曾经是新加坡花剑国手，很有范儿。我们换了击剑服、运动鞋，开始一招一式地学习。一节花剑课一小时，加上前面的准备、热身、讲解等，一共两小时。

可这两小时下来，大家都有点儿行动困难了。对于击剑，我们听说最多的就是栾菊杰的花剑了。其实击剑分为佩剑、重剑和花剑，因为栾菊杰的故事，花剑在中国知名度最高。花剑和佩剑的重量一样，但比佩剑略长，比重剑轻。击剑所需要的站姿、进攻和防守都需要降低重心，微蹲双腿，对腿部肌肉和核心肌群的要求很高。相比之下，手上的动作带来的挑战就不太大了。一个小时下来，大腿酸爽不已，到了第二天就是酸痛。从讲解、示范、学习再到教学比赛，短短两小时的击剑体验，让我印象深刻。多年以后，我在新浪体育选择赛事时，击剑自然成为考虑之一。

而青少年击剑课程，一个学员的年卡包括 20 节小课和 20 节中课，费用大约 1.5 万元。一套击剑装备 2 000 元，日后进阶的一对一私教 700 元/小时。比冰球和马术的费用都低。如果一个击剑比赛能吸引 500 名儿童学员报名学习击剑，将产生 750 万元的营业收入。

2018 年初，带着对击剑，尤其是青少年击剑运动的热情，我和新浪同事拜访了中国击剑协会海滨主席和秘书长。拜访前，我们对当时的击剑赛事，尤其是青少年击剑赛事做了研究。中国击剑协会一早就把各类青少年击剑比赛打包给了盛力世家（北京）体育文化发展有限公司，而盛力世家也做了两年全国青少年击剑赛事。当时击剑培训界的"独角兽"是万国击剑，每年万国击剑自办赛事有 6 000 人参与。所以我们当时另辟蹊径，建议由新浪体育和中国击剑协会成立一家合资公司，开拓青少年击剑市场。有了黄金联赛的经验，我们计划从河南、广东、四川、山东和福建五个省开始推广，第一年的青少年击剑联赛，每个省不少于 3 000 名选手参赛，共计不少于 1.5 万名选手参赛的击剑联赛，从起步就超越了当时国内已有的各种击剑赛事。

为此我先后拜访了这五个省的击剑协会。河南是中国人口大省，也是"新浪杯"击剑比赛的一站。河南省击剑协会主席刘总,同时也是郑开国际马拉松赛事负责人。我们相识很久了,都看好青少年击剑领域的商业机会和价值。而广东是中国击剑运动大省,广州的击剑比赛必不可少。我们的初步想法是,在中国击剑协会的支持下,2018年新浪体育从5个省开始第一个赛季,到2019赛季就能覆盖10个省,达到4万人的参赛规模。"新浪杯"击剑联赛的商业化也将从2019年拉开帷幕。按照计划,2019年10个省的赛事包括男、女个人赛的三个剑种:花剑、佩剑、重剑,按照年龄分成U8、U10、U12和U14的比赛。除了U8比赛,其他级别都是击剑协会的固定比赛年龄段。分组后各个剑种和年龄段的半决赛和决赛的直播时长能超过300小时,由此产生的短视频、图文报道等,基本上能达到1 000万元的赛事赞助级别。和中国击剑协会合作,我们就能避免和万国击剑正面交锋。

后来,成立合资公司的计划没有得到国家体育总局的批准。新浪体育于2018年9月,在广州市二沙岛和广东省击剑协会合作了"新浪杯"击剑公开邀请赛。2019年6月和11月推进了上海"新浪杯"击剑系列赛。"新浪杯"青少年击剑比赛没能按照当年的计划大范围推广,甚是可惜。

"新浪杯"青少年攀岩大赛

2018年10月13日,"新浪杯"青少年攀岩大赛在成都大松果马达攀岩馆正式拉开帷幕。成都市攀岩运动协会会长吴晓江、新浪体育政府关系和战略合作总监吴恩延、大松果马达攀岩俱乐部联合创始人吴虹霞、迪卡侬成都天府店零售运动部经理周礼共同出席了赛事开幕式。

"新浪杯"青少年攀岩大赛是新浪体育自主打造的IP赛事,旨在推动攀岩运动的快速发展,为优秀的青少年攀岩爱好者提供更多交流和展示平台，提高我国攀岩运动的群众水平。

攀岩项目分为速度攀岩、难度攀岩和攀石三种赛事。而青少年的学习费用根据场地和项目不同，通常在100～500元一节课，年课包含20～50节课，一个孩子一年的课程费为2 000元～2万元。

本次赛事以"UP少年 未来无限"为主题，参照全国青少年攀岩U系列赛事体系，设置攀石赛、难度赛和速度赛三个竞赛项目。参加此次赛事的青少年选手被分为4个组别，分别是5～6岁组别，7～8岁组别、9～10岁组别、11～15岁组别。前两个组别只参加难度赛和速度赛，后两个组别参加全部三个竞赛项目。本次成都站比赛覆盖西南地区，包括成都、重庆等地近100名小选手参加，超过40所学校及攀岩俱乐部代表队报名参赛。

——摘自媒体报道

攀岩作为一项新兴运动，具备力量、技巧、心理素质等综合性运动特点，近年来在全世界蓬勃发展，深受广大年轻人的喜爱。2016年，攀岩正式成为东京奥运会的比赛项目，但在中国，攀岩并不是一项大众熟知并乐于参与的运动。作为赛事承办方，成都大松果马达攀岩馆创始人吴虹霞表示，新浪体育的介入对于攀岩行业有很大利好。她说："非常感谢新浪体育能够进入攀岩领域，打造自主IP赛事。有媒体属性的新浪体育加入，对攀岩运动的推广将会起到很大的助力作用，会让更多人了解到攀岩运动能够给青少年带来的积极影响。"

知名体育装备品牌迪卡侬成为本次青少年攀岩大赛的官方合作伙伴，

成都天府店零售运动部经理周礼表示迪卡侬会继续致力于让更多人体会攀登的乐趣，助力中国攀岩运动蓬勃发展。

"新浪杯"国际青少年冰球公开赛

2018"新浪杯"国际青少年冰球公开赛于5月开赛，在华东、华中、西南和华北四大区展开分站赛，经过苏州、上海、武汉、重庆、北京5个城市的厮杀，10月集聚北京浩泰冰上中心进行总决赛。该赛事有近100支球队参加，超过2 000名青少年选手报名参与。

新浪体育2017年开始策划合作举办亚洲青少年冰球联赛。能合作办赛要感谢冠军冰场的傅野先生。傅总出身于滑冰世家，一直从事冰上运动，获奖无数。后来他开办冠军冰场，培养青少年冰球人才。北京所有的青少年冰球俱乐部，例如虎仔、飞象等，都在冠军冰场进行过比赛。在和新浪网合作前，冠军冰场就举办过多届冰球比赛，但由于宣传报道、影响力和办赛经费等的限制，比赛规模一直不大。而新浪体育作为媒体，有影响力和媒体资源，和冠军冰场的合作是双赢。于是在2017年冬天，新浪冰雪项目负责人迪迪促成了我和傅总的见面。

迪迪："明天晚上约了冠军冰场的傅总吃饭，敲定合作'新浪杯'亚洲青少年冰球联赛的事。"

我："你们都谈好了吗？他们老板同意了吗？"

迪迪："都谈好了，傅总亲自来。"

我："大老板能来吗？副总能说了算吗？"

迪迪："傅总就是大老板呀。"

我："这公司没有一把手吗？都是副总做主？"

迪迪："老板姓傅。"

赛事金矿　Fire the Game

傅总是一位地地道道的东北人，我们是在一家火锅店见的面。估计是因为之前闹的笑话，迪迪"心怀不满"，安排我们吃麻辣火锅，这对我真是考验。通过和傅总推心置腹的沟通，我也了解到办冰场的诸多困难。当时维护冰场的设备磨冰机、修冰车等种类繁多，而一体化设备要从法国进口，价格不菲。冰场要制冷，用电只能按照商业电价，水费也是。这样一来，维持冰场运营的成本就是一个天文数字。如果没有商场的各种免租和支持政策，让冰场盈利，尤其让在商业中心的冰场盈利，是不可能的。而冰场的利用率又不合理，周一到周五白天基本空置，而周六、周日又爆满，滑冰、打冰球都要排队。

1992年的北京冬天很冷，气温经常在-20℃左右，湖面都冻成厚厚的冰层。我在北京上大学时还有滑冰课，当时都是穿冰刀，一个冬天能上10节滑冰课。看南方同学在冰面上的各种挣扎一直是我上滑冰课的乐趣。我想到了当年的滑冰课，问傅总："能不能让学校冰球队在冠军冰场上冰球课呀？周一到周五白天闲时，您价格便宜点儿，我们再找体育局要点儿冰球课的补助。"

傅总："求之不得呀，但没人牵线。"

冰球校长论坛雏形就是在那顿火锅中诞生的。当时北京的中学正在兴起组建冰球队的热潮，陈经纶中学、十一学校、清华附中，还有一众小学都组建了冰球队。根据国际冰联的要求，冰球比赛场地规格要长60米，宽26米，还有四角圆弧半径7~8.5米的要求。2017年，北京面积在1 600平方米以上的标准冰球比赛场地不到10块，只能满足就近学校的冰球课需求。其他各种大小尺寸的冰面近30块，都以满足花样滑冰需求为主。10块场地，实在是太少了。

2018年首届"新浪杯"国际青少年冰球公开赛从分站赛精选出U6、U8、U10等组别的优胜青少年冰球队，齐聚北京进行最后总决赛。除了在各分站赛精选出的国内优秀青少年球队之外，还有来自韩国的优秀青少年冰球队。赛事组委会为总决赛设置了10万元的总奖金池。所有参加总决赛的青少年冰球队将为冠军荣誉展开争夺。

2018年12月，在赛事成功落幕的两个月后，首届冰球校长论坛落地北京新浪总部大厦。举办校长论坛的初衷是，通过论坛对接有冰面需求的学校和有冰面资源的商场、俱乐部，让打冰球的孩子能在周一到周五的体育课时间上冰，增加冰面使用效率，降低孩子们的上冰费用，并改善冰场经营状况。而通过宣传，能让更多小学和中学开展冰球运动，更多青少年冰球学校和俱乐部的出现，也能带动更多冰面建设。我们邀请了北京、哈尔滨、吉林等地的14所小学和中学的校长、副校长、体育部主任到场参加论坛，近10家青少年冰球俱乐部负责人到场，30多家合作媒体参与论坛并进行报道。我们特别邀请了冰球协会秘书长到场致辞，邀请了央视张斌老师主持论坛。对首届冰球校长论坛能请到中国冰球协会秘书长和张斌老师，在场的校长都很意外和激动。会上大家交流很热烈，论坛获得了业界一致好评。

> 无论是国企、央企的投入，还是国家的政策倾斜及地方的支持，都是冰球运动走向大众群体必不可少的基础。同样，青少年冰球运动的开展需要更广泛社会力量的关注与支持，必须让孩子们爱上运动，喜欢运动，行业、学校、家长都需要动起来。冰球协会一直坚实推进冰球运动，并借多方力量重拳出击，推动我国青少年冰球运动的蓬勃发展。
>
> ——摘自中国冰球协会秘书长致辞

赛事金矿　Fire the Game

新浪智力运动会

2008年北京奥运会的福地、众多游泳爱好者的天堂——水立方，在2018年迎来了一批与众不同的参赛选手。他们是2018新浪智力争霸赛总决赛参赛选手。这些在各分站赛和外卡赛中冲破重围的"城市冠军"，都是百里挑一，甚至千里挑一的小天才。这些已经在分站赛之中带给我们许多惊喜的孩子相聚在一起，给我们带来了更精彩的棋局。

黄金定理九	有助于青少年优先入学的赛事更有商业机会。

智力运动会是由国际智力运动联盟（IMSA）发起，旨在扩大包括桥牌、围棋、国际象棋、国际跳棋、象棋等棋牌类智力运动项目在世界范围内普及和影响的国际性体育赛事。第一届世界智力运动会于2008年在中国北京举行。2017年4月，国际智力运动联盟宣布，麻将正式成为第六个世界智力运动项目。

新浪体育在2018年计划了智力运动会，赛事的举办源自一次巧遇。2018年某天，一个出差申请被推送到我的电脑上。新浪围棋责任编辑申请出差上海一周，报道上海青少年围棋考级赛。当时黄金联赛尚未盈利，一切其他赛事相关的费用我都会再三考量，而新浪没有举办过围棋赛，这出差申请自然被否决了。被否决之后过了几分钟，就有人来找我了。来人是新浪围棋的一把手周游，他看上去像是个会下围棋的，可能因为和围棋打交道多了，近朱者赤吧。

第 16 章　高端小众赛事的举一反三

周总:"上海一个暑假,9 周的时间参加围棋考级赛的孩子有 19 万人。"

我:"19 万?"

考级赛报名费 X 元,考过的制证费 X 元。不用多说,我特批两人的出差并提出来年办赛的要求。

水立方半决赛中,五子棋组的两位选手为我们带来了一场精彩的较量,在其余各盘棋局都已经结束后,这一场对局,依然进行得紧张激烈,棋盘上已经布满了棋子,双方的用时也都只剩下了 3 分钟和 5 分钟。关键时刻,贺禹成抓住对手的一次漏洞,完成了精彩的绝杀。观战的人们和对局的选手们一起紧张不已,这样的硝烟战场,让人想起的,是世界大赛的激烈杀伐。

——摘自媒体报道

首届新浪智力争霸赛的总决赛在北京的奥运地标水立方中的北五环咖啡馆举行。我们选择在水立方办赛,可谓煞费苦心。水立方是 2008 年北京奥运会的主要比赛场馆之一,外表梦幻,科技感爆棚。每天水立方都会接待上万名来自五湖四海的游客。而参加新浪智力争霸赛的孩子们就幸福了,可以在北京的奥运地标建筑比赛。北五环咖啡馆在水立方 3 号门,有 1 000 多平方米的空间,同时提供自助餐,给赛事提供了绝佳的场地。从 2015 年开始,北五环咖啡就为几百场体育论坛、发布会和研讨会提供场地。而能在水立方里参赛,成了赛事的一大亮点。

最终,王楚轩击败了陈宇昊,获得围棋组的冠军。姚勤贺对阵顾博文一胜一和，获得象棋组的第一名。国际象棋组的前两名归属云乐平和张乐晗。五子棋组中，在半决赛中为我们奉献了一场精彩演出的贺禹成则没能在决赛中继续自己的胜利表演，他不敌邱海岳，获得了亚军。国际跳棋组中，卢星辰、贾劭缦分列冠亚军。

——摘自媒体报道

赛后，一众"大咖"为各个单项比赛的优胜者颁奖。聂卫平围棋道场首席执行官赵哲伦，乐游互娱总经理叶尔克，欧洲冠军、阿尔法围棋（AlphaGo）大使樊麾，北五环咖啡总经理汪洋，够棒教育董事长、五子棋荣誉九段那威分别为围棋、国际象棋、国际跳棋、中国象棋和五子棋比赛的前四名颁奖。

如果新浪网继续了2018年的精彩，延续了2019年的盛况，并且熬过了2020年和2021年的逆势，那么全球最大规模的智力运动会的桂冠，应该戴在周游先生头上。

新浪体育结合篮球和足球的办赛经验，从2018年开始，尝试和中国健美协会合作举办古典健美大赛，和北京马协合作举办青少年马术大赛，和中国棋院合作举办新浪智力争霸赛，和击剑协会合作举办击剑赛，在成都举办攀岩比赛，逐步形成了从大众参与型的三人制篮球、五人制足球到青少年马术、冰球、击剑、攀岩和智力运动会的小众高端赛事矩阵。

小众高端赛事的成功经验

综合来看，小众高端赛事的成功经验主要有以下 4 点：

- 小众高端赛事的参与者是青少年。
- 和俱乐部合作办赛，为俱乐部引流。
- 赛事合作面向中小学校，增加青少年优先入学机会。
- 联合协会助力赛事推广。

具体而言，对于马术赛事的 5 点建议：

- 选择参与人数最多的障碍赛马，慎重考虑在香港、澳门特别行政区盛行的速度赛马和对马匹要求极高的盛装舞步。
- 和吸纳会员需求强烈的俱乐部合作办赛。
- 在马术大省办赛，赛事组织压力小，获得赞助机会大。
- 和影响力大的协会合作，给优胜青少年颁发证书，增加优胜青少年的海外入学机会。
- 赛事海外站和国际化，为参赛青少年海外留学创造条件。

对于击剑比赛的 5 点建议：

- 在有"独角兽"的项目领域，必须考虑和中国击剑协会以及各地击剑协会的合作。
- 用媒体报道的资源和其他资源获取协会对赛事的支持、参与、配合。
- 率先在有基础、击剑青少年人口多的省市办赛。
- 用赛事规模增加赛事影响力和商业赞助。

- 力争在商超办赛，尤其是 U6、U8、U10、U12 的赛事。

对于冰球赛事的 5 点建议：

- 冰球赛事必须和成熟冰场体系合作，比如冠军冰场、全明星冰场、世纪星冰场等。
- 赛事重点邀请有冰球队的中小学参赛。
- 用论坛的形式构建冰场、冰球俱乐部、学校和媒体的赛事网络。
- 注重国际交流，邀请海外球队参赛。
- 为高水平的青少年运动员创造优先入学机会。

对于智力运动会的 5 点建议：

- 赛事必须和各个单项协会合作，比如中国围棋协会、中国象棋协会、世界国际象棋联合会等。
- 赛事为考级服务。
- 赛事和培训紧密结合。
- 赛事邀请名人名家参与推广，为赛事品质背书。
- 力争在商超办赛，增加赞助机会。

第 17 章
如何复制再造黄金联赛

> 把时间和信念投入能够长期产生价值的事情中。对个人,长期主义是一种清醒,帮助人建立理性的认知和框架,不为短期利益和嘈杂噪声影响;对企业,长期主义是一种格局,拒绝狭隘的零和游戏,在不断创新和创造价值的过程中,建立企业动态的竞争壁垒;对社会,长期主义是一种热忱,汇集力量到支撑人类发展进步的基础领域,形成持续发展的正向循环。
>
> ——摘编自《价值》

黄金联赛于 2015 年创立,到 2022 年即将步入第 8 个赛季。从 2015 年到 2019 年,黄金联赛用 5 个赛季证明了大众参与的篮球赛事有机会通过规模、影响力、商业化运作实现赛事的生存、发展、盈利。黄金联赛取得的成绩可以从天时、地利、人和三个角度进行解读。解读黄金联赛的价值,是为其他赛事、体育项目和体育公司提供参考。体育行业和产业需要用类似黄金联赛的佐证和案例,让体育产业从业人员,体育项目参与者可以研究、探索、批判、挑战、借鉴和超越。

黄金联赛天时之一：国家政策支持

　　黄金联赛创办的基础是 2014 年 10 月颁布的国务院 46 号文件。该文件取消了群众性和商业性赛事的审批流程。要知道在国务院 46 号文件颁布之前，举办黄金联赛这样的全国性体育赛事，要获得国家体育总局群体司、"国字号"专项协会、省体育局群体处和协会的批准，还要获得市体育局和协会的批准，甚至可能还要区县、乡镇街道一级的相关部门的批准。这也是在 2015 年以前几乎没有听说过非政府机构举办全国范围的群众体育赛事的原因。而从 2015 年开始，敏锐的资本市场最先从国务院 46 号文件中嗅到商机。一时间，体育成了最热门的投资方向之一，各种投资机构对体育项目的追捧热度不减，连一些上市公司也纷纷把自己的业务领域转向体育项目，甚至公司名字改成了某某体育公司。在这轮更换赛道的短跑赛中涌现出来的公司很多，既有央视广告代理一夜成了路跑赛事"大咖"，又有地产公司火线成立二级体育公司，各种和体育无关的公司更名、成立体育公司的大有人在。嗅觉灵敏的资本和大公司把握国家政策方向、紧跟时代脉搏的行动，促使数量庞大的中小企业甚至个人半路出家，仓促上阵成为体育产业的新兵。

　　2017 年中国田径协会成立了马拉松赛事学院，我有幸受马拉松学院执行方中迹体育邀请，贡献了马拉松赛事传播的课件，并亲自授课。授课地点在上海体育学院的一个礼堂，在场的有 60 多位路跑公司代表。我随口问了几家公司的成立时间，居然都是 2015 年后成立的，而在座的没有一位是 2015 年前加入体育行业的。

　　2016 年和一些同行交流时，我惊愕地发现竟有人不知道国务院 46 号文件的核心精神。甚至有人，还是体育人，从来没听说过这份文件。一次典型的惊心动魄的对话是这样的：

第17章 如何复制再造黄金联赛

我:"您的项目好像不是国务院46号文件支持的项目呀,投入有风险吧?"

同行:"我的项目有很多创新,国内外都没有这类项目,势必会为中国在国际体育领域树立新的形象!"

我:"这好像是国家体育总局的事吧,就像龙舟进入奥运会是国家投入的呀。对了,中国龙舟已经有了几千年。"

同行:"我的项目填补了一项空白呀!"

前无古人,后无来者,独孤求败,我只能暗自神伤了。新浪体育的赛道选择都是由我最终决定的。从参与程度出发,我们选择了三人制篮球、五人制足球;从观赏性出发,我们组织了速度攀岩、街舞大赛;从高净值客户的覆盖出发,我们有马术、冰球、滑雪。一路走来,我们有过失败,有过收获,享受过高光。深刻理解政策,在项目选择上顺势而为,加上把握细节,持之以恒,赛事就有机会盈利。2016年为了黄金联赛,我拜访过某城市的体育局,得知连体育界都有人不理解国务院46号文件,我就释然了。但残酷的是,一个企业、一名体育人,如果不了解国家政策,那么盲目选择项目就是九死一生了。

感谢国务院46号文件为中国体育产业的发展奠定了政策基础,为众多体育企业和投资人指明了方向。深刻理解文件精神,选对赛道,用商业逻辑经营体育项目,就能事半功倍,反之则事倍功半。体育项目没有短平快,更多的是十年磨一剑。我在2018年新浪体育媒体会上说过,"新浪体育选择的项目,都能在三年内做到中国第一,赛事规模第一,传播效果第一和商业化结果第一。如果做不到第一,我们就不碰"。

体育项目发展的天时已在,我们已经是时代宠儿,剩下的就要看地利、人和了。

赛事金矿　Fire the Game

黄金联赛天时之二：项目选择

　　篮球作为中国参与人数最多的体育项目，应该成为大众赛事的首选。2021年12月21日，中国篮球协会官方发布了《中国篮球运动发展报告》，并在报告中详细列举出多项数据，其中中国篮球人口已经达到了1.25亿人，核心篮球人口为7 610万人。其中在6～17岁青少年中，有13.9%的人参与篮球运动，在所有球类项目中位列首位。而在15～25岁年龄段中，男性打篮球比例高达28.8%，其中城市男性参与篮球运动比例达到了36%。而足球的发展则在近期跌入谷底。

　　即使是篮球，可以选择的项目也有很多。按比赛规则可以细分为一对一斗牛、二对二、三人制篮球、四对四，再到双方各五名选手上场的标准篮球赛事。新浪网当时选了三人制篮球是经过了慎重考虑，我们主要侧重于项目商业化考量。一项大众参与的商业化赛事既要考虑参赛人群，观赛人群的覆盖，更要考虑赛事对核心商圈的覆盖。黄金联赛作为一项非职业的群众参与赛事，其比赛竞技水平不一、观赏性不高的问题在很长时间内都难以解决，更无法达到职业联赛的水准，不能像职业联赛一样吸引到付费观众。作为大众赛事，如何吸引观众，吸引有消费能力和消费意愿的观众，成了新浪三人制篮球赛事发展和盈利的重点。标准篮球场地面积是420平方米（28米×15米），加上缓冲区、双方球员区域以及净高要求，只能在标准篮球馆里进行比赛。而三人制篮球占地165平方米（11米×15米），这个规格是有机会在商超、商业中心和闹市区进行比赛。在选择三人制篮球之前，黄金联赛负责人伊森给我讲述了三人制篮球在美国街头诞生的过程、曾经的非主流篮球文化、耐克对三人制篮球的赞助等，一整套几十张幻灯片中真正吸引我的是一张在东京涩谷的FIBA三人制篮球比赛的照片。在寸土寸金的东京商业区涩谷，临时搭建的三人制篮球场地，周边是钢筋水泥构成的都市森林，人头攒动，广告灯箱闪烁。三人制篮球比赛如果能在大型商超的中庭进行，直接吸引有购物意向的商超客流，其商业价值必定远超篮球场馆。

2015年黄金联赛开始时，三人制篮球还不是东京奥运项目。同时和黄金联赛起步的还有李宁4×4、安踏"要疯"、虎扑"路人王"。但对三人制篮球商业价值的考量让黄金联赛搭上了奥运项目的便车。在2017年三人制篮球进入奥运会前后，我们和各地体育局、商场、赞助商介绍三人制篮球时也更有底气了："这是奥运项目！"好的开始是成功的一半。

黄金联赛天时之三：官方认可和上升通道

2016年开始，黄金联赛的上升通道就被放到赛事计划里。2016年黄金联赛在15个城市举行，超过2 000支球队参与。2017年在25个城市举行，有5 000支球队参与。2017赛事结束后，黄金联赛已经是中国规模最大的三人制篮球赛事。而在2016年，中国篮球协会还没有对三人制篮球赛事给予认证。赛事规模逐步扩大，竞赛水平也就不断提高，加上赛事奖金，就能吸引更高水平的球员参赛。2016赛季总决赛还吸引了众多国内外职业球员参赛，争夺50万元总奖金。到了2018赛季，赛事总奖金达到100万元，是亚洲奖金最高的三人制篮球赛事。但是在奖金之外，黄金联赛还需要官方支持，才能增加赛事的商业价值，得到赞助商的青睐。

从2016年开始，我就委托李想联系FIBA。经过几个月的沟通和一系列合规性准备工作，2016年黄金联赛就在中国篮球协会认证之前成为FIBA的认证赛事。得到了FIBA的官方支持后，黄金联赛开始和海外篮球赛事合作，合作伙伴有美国三人制篮球职业联赛、澳大利亚国家篮球联赛（NBL）、菲律宾篮球联赛等。我们从2018年开始送中国三人制篮球

赛事金矿　Fire the Game

选手到圣弗朗西斯科参加美国三人制篮球职业联赛的比赛，到悉尼参加澳大利亚国家篮球联赛的试训。有了官方认证和国际上升通道，黄金联赛巩固了中国第一大三人制篮球赛事的地位。

黄金联赛地利之一：媒体支持

任何商业化体育赛事的基础都是传播。

奥运会和世界杯的传播有国际奥委会和FIFA的要求，主办国竭尽全力的宣传，各大媒体不遗余力地创造内容获取公众关注和增加赛事播出时间。其他大型体育赛事像城市马拉松，直播赛事的同时也借助赛事宣传城市风光，推荐城市特产，介绍城市经商环境，以期达到招商引资、带动旅游和消费的目的。奥运会和世界杯的宣传同样是一个国家擦亮国家名片、拉动国际旅游、促进海外投资、振奋民族精神的重要机会。而媒体的精彩宣传会带来大众的关注，为赞助商带来商机创造价值。

黄金联赛可以说是"含玉而生"，直接站在巨人肩膀上。1998年底成立的新浪网，一直是互联网时代的宠儿、互联网媒体的代言人。新浪网成立10年后，于2009年在老查的带领下推出微博，迅速成为社交媒体的"独角兽"。而充分利用新浪网、借助微博的力量和影响力，成了黄金联赛生存和发展的秘诀。很多局外人认为，黄金联赛诞生在新浪网，自然就有新浪网和微博的加持和鼎力支持。这种想法太幼稚。黄金联赛首个赛季是在没有新浪网报道、没有微博资源的情况下结束的，而当时我作为新浪体育总经理，甚至都无法调动新浪体育的篮球记者报道黄金联赛。当时这项比赛还叫新浪三人制篮球街头争霸赛，听起来就很平庸，办赛水准、参赛球队水平、比赛精彩程度等几乎各个方面都不如人意。碰巧总决赛又和CBA总决赛在同一天，仅有的两位篮球专职记者背负中国篮球栏目的流量 KPI，每天忙得四脚朝天，我万万不能，也不敢给他们"放假"，让他们来报道当时还一文不名的黄金联赛。因此，从 2016 赛季开始，黄金联赛的关键赛程都早早避开 CBA 和 NBA 的重大比赛。2018 年开始，新浪集团组织调整，新浪体育划归微博首席执行官王高飞直管。他在接管的第一年给予新浪体育赛事重大的资源倾斜和支持，但也明确地表示，从 2019 赛季开始，新浪体育赛事要为自己挣流量、搏资源。随着黄金联赛"三化三道"传播策略的推出，内容娱乐化、传播社交化、运营互联网化让黄金联赛成了除 NBA 之外新浪最大的体育赛事流量来源。

如果不是新浪体育，阿里体育、苏宁体育、万达体育这样"背靠大山"的平台，该如何获取、建设、经营流量？作为普通的公司又该如何宣传一项赛事，养活一个团队，商业化一个项目？其实任何公司，都有自己的资源和优势。但如何用好资源，就要八仙过海，各显其能了。

2016 年，我提出黄金联赛媒体矩阵的思路。当时在新浪网内部获取资源和流量不易，即便能获取新浪网内部的资源，只靠一个媒体平台也无法独立支撑黄金联赛的商业价值需要。而且传统的电视媒体依旧强大，腾讯网和微信等新浪网站外流量增长迅速，体育类垂直 App 的内容质量高，对赞助商有吸引力。基于上述原因，我开始调配资源和人手，对接 CCTV-5、北京电视台体育频道、上海五星体育、广东电视台体育频道等老牌强势电视媒体；通过和新华社汪老师、人民网唐老师合作组建首都媒体跑团，以跑会友，让更多传统媒体有机会了解新浪赛事创新；积极支持新体育媒体和垂直 App 的活动，互通有无。懒熊体育、体育 bank、体育大生意、禹唐体育、维宁体育、肆客足球等举办的活动，我都到场支持，为了日后新浪体育的活动也就能高朋满座。

有人和我当初的想法一样，觉得新浪网本身是媒体，媒体联谊易如反掌,这种想法未免天真。因为对于我们互联网体育新贵的形象,本来很多传统媒体就不感兴趣;而在之前一些合作中,新浪体育因为各种原因没能"放下身段",支持其他媒体组织的活动和发起的项目,这都给媒体矩阵的推进造成了困难。

而黄金联赛则给了新浪体育和其他优秀媒体合作的机会和宽广舞台。一个艰难起步却获得万千篮球迷热捧的大众篮球赛事,加上让更多中国人爱上体育运动的美好愿景,黄金联赛从 2016 赛季开始,得到了央视、北京电视台、上海电视台、广东电视台的无私支持。主流电视媒体的赛事直播、转播、体育新闻报道、采访和专题成了黄金联赛成长的重要推手。加上新华网、人民网、《北京日报》、《北京青年报》、《北京晚报》、《法制晚报》、《解放军报》等媒体的支持,黄金联赛的影响力迅速提升。体育媒体人的责任感、对大众体育赛事的无私支持和对中国体育事业的无尽热爱,让我们走到了一起。

2019 年 1 月,新浪体育在北京古北口举办年会,我们请到了一直支持黄金联赛的北京电视台、上海电视台和广东电视台的三位主任,还有十几位一直关爱项目成长的媒体人一同参会。我听说年会当天有猎户座流星雨,就邀请大家在晚饭后一起去古北口长城烽火台看流星雨。感谢的话写了一整张纸,想着黑灯瞎火的没法念,我还背了一遍。深夜的古北口风很大,除了几个啤酒喝多了的没能爬上来,我们一众体育媒体人半夜聚在一起,抱团取暖,等着看流星雨。风,越来越大了。我光想着背答谢词,忘了问流星雨到底几点开始。眼看着快半夜 12 点了,我拨通了我们一位篮球记者的手机。流星雨的消息,就是她告诉我的。等了好一会儿,才听到她迷迷糊糊的声音。

"老板,啥事呀,这么晚了。"

"这猎户座流星雨到底几点下呀，我们一群人等着呢。"

"是今天凌晨呀老板，下过了呀。"

体育公司都有资源，大公司有包括各种品类、区域、行业、形式的资源。小公司也至少有时间、精力和一些人脉。而体育公司无论大小，人人都有情怀以及对体育的热爱。中国体育媒体和体育媒体人拥有最多的财富，就是情怀和对体育的热爱。有了对体育的热爱，剩下的就是真诚、努力和运气了。

黄金联赛地利之二：赞助商

"没有赞助商的赛事是没有灵魂的。""所有不赚钱的体育项目都是耍流氓。"这些话粗，理不粗。

一项初创赛事，如果没有大量的参赛选手、海量的优质内容、亿级规模的媒体传播，就无法为赞助商创造价值，那么赛事初期投入就要靠老板自掏腰包、天使投资人或者其他投资者了。对于参赛规模，不同赛事的参赛规模产生的价值可能大相径庭。对于马拉松赛事而言，办赛门槛低，参赛选手平均消费能力差，参赛人数越多，办赛成本越高；而对于马术比赛而言，1 000 对人马组合的赛事就能价值连城（特指小城市）。近年来，国内规模最大的马术赛事（障碍赛马）是 2019 年在浙江慈溪举行的"新浪杯"青少年马术大赛，历时 3 天，近 200 对人马组合参加。

而赛事传播规模与赛事水平、观赏性、参赛人息息相关。如果现在请来体育名人参与一项赛事，赛事都有可能风生水起，盈利空间会很大。而带货能力则随着这几年直播带货的兴起，成为赛事传播的一个致命 KPI。我在和乔丹体育的合作中尝试过赛事带货，很难。感谢有关部门的大力支持,把这个在体育领域特别难达成的 KPI 降低很多。

2015 年黄金联赛的天使投资人是老杜。作为新浪网联席总裁,老杜本可以叫停这个当时连组织者——我本人,都不清楚能否盈利、何时盈利和怎么盈利的项目。时至今日,我可以轻松地给出黄金联赛的盈利路径:经过 3 年赛事运营,达到覆盖 25 个一、二线城市,2 万名参赛球员,新浪网加微博 40 亿 PV、1.5 亿 VV,其他网站 10 亿 PV、5 000 万 VV,靠赞助达成赛事收支平衡。而 5 年赛事运营,覆盖 150 个城市,10 万参赛球员,200 亿 PV,20 亿 VV,赛事会全面盈利。黄金联赛的商业价值构建,我在前面的章节讲过。正因为有了天使投资人,才让黄金联赛有机会边干边学,反复总结、复盘、调整,才有了 2019 赛季的成绩。

这里顺便说一下我在新浪网用过最多的管理方法论和手段:复盘。复盘本来是联想创始人柳总的一种工作方法,简单、高效、务实。2008 年,一次和联想时任首席执行官比尔·阿梅里奥(Bill Amelio)先生谈话时,柳总说起复盘,比尔诧异地问我,什么是复盘。我们翻译为 "replay the chess"。对于不知道围棋是何物的得克萨斯人,认为围棋就像《易经》一样神秘,高深莫测,时尚。经不住阿梅里奥虔诚地多次请教,联想集团请管理专家挖掘,请柳总言传身教,才有了一直在联想执行,后来风靡一时的复盘方法论。现如今,有多家管理咨询公司以传播复盘方法论为核心业务。

复盘的核心是:在项目完成后,项目参与各方坐下来,回顾目标、评估结果、分析原因、总结规律,在下次工作中进行改进。复盘是一种头脑风暴,需要与会者看清楚结果,并对照原来设定的目标找出这个过程中的亮点和不足,分析原因。找到成功的关键原因和失败的根本原因,包括主

第 17 章　如何复制再造黄金联赛

观原因和客观原因两方面。分析成功原因时，要多列举客观因素，精选真正的优势；而分析失败原因时，要多从自身挖掘问题，找短板，及时弥补。最后总结经验、体会、体验、反思规律，制订新的行动计划，明确需要实施哪些新举措，哪些需要继续，哪些要叫停。在联想工作8年，我不认为自己完全掌握了复盘的精髓，但黄金联赛的每一次进步都和赛事、传播、销售、推广部门的同事积极参与复盘有关。

到第二个赛季，黄金联赛必须有赞助商。这就是拼人脉、拼朋友的时候了。坦白地说，当时能拿下赞助商，依靠的是新浪网和微博的名气。而赛事能达成传播的各项KPI，是通过扩大赛事规模、提升赛事水平、产生优质赛事内容、多渠道传播，才勉强达成UV、PV、VV等各项指标。赛事商业价值计算不是秘密，一旦行业代理商看懂了，就没有机会被"破格"赞助了。多年以后，我面对几位体育公司销售负责人，抱怨客户和代理对体育赛事的价值有成熟和系统的考核，但自己的赛事根本不可能进入这种系统。那么，如何才能改变客户的价值评估体系？改变客户价值评估体系很难，需要充分了解其价值评估依据，埋头苦干，不断投入，才能逐步达成客户价值认可。或者另辟蹊径，给客户一个新的、让其心悦诚服的价值考核标准。

黄金联赛线上流量价值计算按照通行的互联网广告投放逻辑，符合客户的价值评估。而线下商超展示价值、渠道和店面获取价值是黄金联赛的独创。很多次当我面对客户讲解黄金联赛价值方法论，包括大家熟悉的展示广告价值计算和不熟悉的社交传播节点、传播裂变逻辑、商超展示售卖、品牌商超进驻和渠道拓展时，代理商小伙伴都在一旁疯狂地记笔记。因为他们要交提案，定KPI，计算广告价值。2016年的体育领域，尽管头部赛事的价值被认可，但80亿元中超视频版权价格突破了所有赞助商的心理防线，"天哪，赞助中超要多少钱？怎么赚回来？"因此顺势而为，建立一个符合商业逻辑和互联网社交传播属性、能用互联网展示广告价格（CPM）计算、能综合地推成本的线上加线下展示的价值体系，被接受也就不难理解了。从 2016 赛季开始，联想、三星、TCL、麦当劳、康师傅、三养、百淬、361°、匹克、Joma、乔丹体育、万达、奥园、雅迪、海马、东风、广汽、都用他们的投入为黄金联赛的商业逻辑背书。

难的是，面对 2022 年疫情之下的广告环境、竞争态势、客户投入策略，身处冬奥会余温之下，还能拿出什么价值逻辑，赢得客户垂爱？

黄金联赛人和之一：赛事执行合作伙伴

在前面的章节里，我数次讲到黄金联赛合作伙伴。在地域广阔的中国，执行一项覆盖全国的赛事，对任何公司来说都是一个巨大的挑战。

黄金联赛首个赛季合作伙伴选择是赛事负责人伊森的决策。在执行 9 个赛区比赛时，只有 3 人的赛事部门无力独自完成赛事执行工作。到 2019 年，赛事已经覆盖超过 100 个城市时，黄金联赛执行部门也不过 6 人。真实情况是，2019 年赛事部门管理着黄金联赛、足金联赛、高山滑雪公开赛、亚洲青少年冰球联赛、青少年马术比赛、青少年击剑大赛、青少年攀岩大赛、智力运动会、健美大赛，一共 9 项赛事，正式员工和实习生一共 21 人。对于编制的锱铢必较并非集团的要求，而是我的执念。组织管理的挑战，成本控制的难度和团队发展的投入核心都是人。研究如何以最少的人力投入，获得最高收入和利润，是我的原则。幸运的是伊森、迪迪、罗玲和杨志都没有和我在人力配置上摩擦太多。从第一季黄金联赛开始，"没人，你自己想办法"就成了我的口头禅。而也正是这貌似不讲道理的道理，逼着大家不断找寻好的合作伙伴。

第 17 章　如何复制再造黄金联赛

2000 年前后，当戴尔利用直销在中国不断攻城拔寨、疯狂掠夺市场份额时，联想中国在当时的负责人陈绍鹏的带领下，坚持分销策略，深耕县级市场，超过了戴尔、惠普、IBM 等国际 PC 品牌在中国的发展，而后来联想收购 IBM PC 也就顺理成章了。分销合作伙伴一直是联想在中国的制胜法宝。从 2007 年到 2014 年，我在联想集团工作 8 年，耳濡目染联想的分销战略，多次参与、计划和执行了联想中国和联想全球的分销商和经销商战略。联想当年按照人口基数、消费能力和市场潜力把中国市场分成 100 多个网格，每个网格都有对应的分销商和经销商。而每年年初，参加核心分销商和重点经销商的年度业务规划会是渠道管理的重要任务。在这种"交底"会上，我不仅可以了解合作伙伴的年度进货计划、资金来源、资金周转情况、库存、员工数量，还可以获知下级经销商数量、供货计划、经销商盈利预计等全方位的经营内容。时至今日我都感慨，这 100 多家分销商对联想毫无保留，我猜他们的家人都不如联想人更了解自家生意。

凭借着在联想获得的渠道管理经验，几年时间之内我开拓了多家赛事执行合作伙伴。只有深入到合作伙伴的经营策略中，大家的交流才能深入、坦诚。离开体育圈几年，还不时有当年的合作伙伴向我咨询体育相关问题，和我一起交流各种项目的机会。合作伙伴是资源，更是财富。

2016 年初，当我来到四川德瑞克办公室，要求了解德瑞克的赛事推进计划、成本投入、赞助来源、收入预测、政府支持资金情况、人力投入等时，左总紧锁的双眉和绝望的表情表明，我带来的不是惊喜，而是惊吓。多年后的酒桌上，左总辩解说是我的普通话讲得不标准，北京口音比较重，他没听清楚。左总，下次等我练好四川普通话再聚。

赛事金矿　Fire the Game

黄金联赛人和之二：体育领域的朋友

从 IT 领域转战互联网，再到体育领域，我发现了一个很有意思的现象，互联网的人都很酷，不喜欢社交。回想当时，微博上的各位"大神"[①]每天敲打键盘，靠发表个人评论随便就能收获百万粉丝，自然不需要在现实生活中俗套的应酬。在明白这个道理后我就不纠结了，新浪体育的"大神"们不应酬，下班回家就回家吧，我见怪不怪，但是，体育圈的人也不爱应酬，我就有点儿按捺不住了。

不可否认，借助新浪平台，我在体育圈结识了很多人，总是不吝赐教的时任盈方中国总裁马老师、众辉的陆大哥、体育之窗一起策划过排超联赛赞助体系的高兄、介绍我去职业联赛公司的冯兄等，媒体圈的朋友就更多了。每当我在工作中遇到困难、没有头绪的时候，找几位前辈聊聊，请教一下，总能找到答案。黄金联赛的坚持，就是源于陆总的鼓励和认可；而高总多年运营 NBA 中国赛，总能提出一些关于赛事执行的独到见解；冯兄在国际奥委会和欧洲单项组织的资源丰富，我还没来得及"挖掘"他在国际击剑联合会和国际攀岩联合会的资源呢。

而我接触过的一些体育人，总有一种神秘气息，像早期美国西部片《神秘的黄玫瑰》中的枪手，穿一身牛仔服，一直吃一盘向日葵瓜子，持一支左轮手枪，从来不苟言笑，次次杀人于无形。我在现实中遇过的"枪手"是这样的：

　　枪手："魏总，我的跑步赛事与众不同，你一定参加过吧？"
　　我："抱歉，听说过，没见过。"

[①] 网络流行词，指在某个领域造诣很深的厉害人物。——编者注

枪手："我的赛事结合跑步和多种力量动作，在美国很流行。"

我："赛事商业化怎么样？"

枪手："我的赛事这么酷，你还担心赞助？"

我："有赞助商了没？"

枪手转身："嗨，李总，好久不见。"

我就此交友失败。体育圈的朋友们，多个朋友多条路，万一在体育领域做不下去了，还可以做个体育猎头呀。

黄金联赛人和之三：新浪体育人

很多新浪体育的"老人"都是文字记者出身，还有一些不知道是什么专业背景，但都有一个共性，喜欢被叫作"老师"。而作为多年学渣的我，一直对"老师"这两个字感到陌生，没有亲近感。

而新浪体育赛事部门的同事们出身就完全不同了。新浪体育第一位赛事员工伊森是北京体育大学足球专业的硕士。自从认识伊森后，我一直对他们学校的足球硕士有好感，可能因为他毕业于足球专业，对惨不忍睹的篮球赛事免疫，才成就了日后的黄金联赛。自伊森后，新浪体育赛事部门有了多位北京体育大学毕业生，从正式员工、实习生到"冠军计划"的委培生。从2017年开始，新浪体育人事部负责人乔乔和北京体育大学达成了一项颇令我惊喜的合作，新浪体育作为北京体育大学在读硕士的定点社会实践企业，专门为北京体育大学的几十位国家冠军和世界冠军提供实习工作机会。从市场部、销售部、赛事部、品牌部到版权和战略合作部，各个体育栏目的工作全部开放。一时间，我们办公室出现了十几位冠军的身影，体操、乒乓球、高尔夫、皮划艇、篮球等等，我记不清了。看着员工们开心的样子，我一度动了当年不调薪的念头。这么好的福利，哪里

赛事金矿 Fire the Game

去找？

除了"冠军计划"是个培养计划，赛事部门对团队的磨炼就是培养。很多刚毕业的新员工对黄金联赛的学习是在出差途中和赛场上完成的。有心的同学能很快掌握赛事运营的核心要点，快速成长，举一反三，反之就会被淘汰。"赛事部门赛马，不养马！"

新浪体育赛事团队成功运营了多项赛事，很多赛事执行中的困难都是团队成员自己想办法解决的。而新浪内容团队也不负众望，面对自办的大众赛事，屡次拿出漂亮的图文报道和视频剪辑，赢得漂亮的流量数据。有这样的团队和团队家属，新浪体育才能攻无不克。

到了2018年，新浪体育的黄金联赛发展迅猛，当年总决赛的内容生产和流量全面超越中国篮球；足金联赛借足球世界杯的大势风生水起，足金精英赛和足金大师赛两个赛事多点开花，产生了大量的宣传报道；马术、冰球、智力运动会、击剑、攀岩、健美大赛等赛事给新浪体育各个栏目提供了丰富的内容，带来了流量。

赛事和内容双丰收给新浪体育人带来自豪和满足，新浪体育团队稳定，干劲十足，彻底扭转了员工大量流失的被动局面。

赛事金矿贴士

企业和部门都会碰到员工大量流失的局面，有受产业结构调整和政策性影响的天灾，也有管理方法和手段失误造成的人祸。面对天灾，和员工打感情牌作用不大。现在的主流才俊是更独立、更关注自我的"80后"和"90后"，创造机会，带领团队"赢"

是关键。在管理手段方面，30年前企业都注重培训，要招聘应届毕业生，然后培养成子弟兵，培训是企业吸引人才的一项重要条件。其背景是当时的教育和市场脱节严重，大学生资讯获取渠道少，毕业生适岗能力差，不培训没法开展工作；企业需要毕业生的高一致性，通过"入模子"，批量生产适应组织文化的"钉子"。在资讯"过度发达"和"管理扁平化"的当下，员工有思想，有个性，学习手段多样，成长快。老套的培训不如激烈的岗位竞争和工作历练。

看完黄金联赛生存发展的天时、地利、人和，你学到了吗？体育产业的发展需要成千上万的黄金联赛、足金联赛，一枝独秀不是春。体育产业的春天，还远吗？

总结再造黄金联赛的天时、地利、人和。

天时：

- 选准赛道，选择群众参与基础好、观赏性强、传播力强、高净值人群参与的赛事。
- 从资金、资源、人力投入等方面做至少3年的赛事建设准备。

地利：

- 依托强势媒体，积极构建包括传统媒体、互联网媒体、社交媒体、直播平台的媒体矩阵。
- 全力争取赛事赞助商，了解赞助商的核心诉求，注重赞助商的回报。

人和：

- 建设赛事执行和开发的渠道体系，给予渠道合作伙伴盈利的方向。
- 建设赛事资源的朋友圈，互惠互利。
- 锻炼团队，赛马而不养马，调动团队所有资源和能力。

拿走，不谢。

5

第五部分

职业化联赛运营思考

第 18 章
亚洲三人制篮球职业联赛黄金联赛的职业化设想

> 人类传承文明的三种模式：后辈复制前辈，后象征文化；同代人相互学习，互象征文化；前辈向后辈学习，前象征文化。谁对未知的将来具有更敏锐的理解，就具备了新的权威。
>
> ——摘编自《轻有力》

2018 年 11 月底，亚洲体育行业大奖（SPIA Asia）评奖和颁奖典礼在泰国曼谷这座以热和堵闻名于世的城市举行。2018 年，黄金联赛已经走过四个赛季，赛事自 2016 年获得 FIBA 认证以来，在亚洲乃至全球声名鹊起。黄金联赛国际化其实从 2015 年就开始了。第一个赛季就有近 20 位留学生参与。到了 2017 赛季，100 万元总奖金吸引几十位全球顶尖高手齐聚北京五棵松 HI-PARK 篮球公园，为黄金联赛，也为自己的钱包打拼。

对于这个全球闻名，但于我而言感到陌生的评奖，我一直抱着无所谓的态度。但出乎意料的是，2017 年亚洲体育行业大奖上，黄金联赛居然获得"年度最佳大众赛事"银奖。在看了当年的金奖赛事后，我不禁心潮起伏。和我们同级别的获奖赛事多是经营了半个世纪以上、商业化程度极高的赛事。黄金联赛能跻身其中，有惊喜也有忐忑。在仔细看了李想的报销清单后，我终于有理由相信，黄金联赛是真的收到了好评，没有折扣，没有请客送礼的好评。

时光飞逝，2018年亚洲体育行业大奖评奖在即，而黄金联赛走过4年，国内的认可，更重要的是赞助商的认可，已经让黄金联赛成为获奖的大热门。国际化一直是黄金联赛的宣传策略，也是赛事水平的保障和见证。2017年，黄金联赛已经手握银奖，而对于拿金奖这件事，我的心里还真没底。亚洲体育行业大奖奖项公布前，李想踌躇满志。

　　李想："今年目标是拿金奖！"
　　我："好吧，要是没拿金奖，你就在曼谷多待几天吧。"
　　李想："这么人性化？"
　　我："全程算休假，我不报销酒店。"

看着李想惊恐得合不拢嘴，我开怀大笑。不知道是因为自费酒店的压力还是黄金联赛的魅力，我们居然获得了金奖。同样获得金奖的还有澳大利亚F1大奖赛。能和F1一起拿到金奖，黄金联赛倍感荣耀。

　　备受瞩目的2018年亚洲体育行业大奖颁奖典礼在泰国落下帷幕，亚太范围知名的各类赛事、机构齐聚。值得一提的是，FIBA认证的3×3黄金联赛大区赛，自去年夺得"年度最佳大众赛事"银奖后，再次从众多参评赛事中脱颖而出，击败了另外9项入围赛事，夺得该奖项的金奖。此次在被誉为亚洲体育行业"奥斯卡"的大奖上折桂，也为12月即将开赛的3×3黄金联赛精英赛奠定了良好的口碑。

——摘自媒体报道

新浪体育官方合作伙伴梅迪播（MediaPro）获得"年度最佳中介机构"铜奖，而另一家官方合作伙伴够力足球获得"年度最佳数字媒体"铜奖。在亚洲体育行业大奖13个奖项评选中，最佳大众赛事奖项的含金量很高。我一直希望赢得体育赛事国际大奖，这能成为赞助商重要权益和黄金联赛赞助手册幻灯片上的高光部分。我无数次梦想着带领赞助商到颁奖现场，让赞助商上台领奖，在赞助商手捧奖杯的一刹那，为我们奉上下一个年度的赞助合同。我承认，我有点儿想多了。

为了实施黄金联赛"三化三道"的传播法宝和国际化战略，2018年黄金联赛持续扩张，在中国的香港和澳门、菲律宾的首都马尼拉等地举办国际赛。黄金联赛加上黄金联赛精英赛高达200万元的总奖金，再次刷新了亚洲三人制篮球赛事总奖金纪录，也让黄金联赛成为全球著名的三人制篮球赛事。赛事的高额奖金可以吸引国际高手走进来。同时，黄金联赛也助力中国三人制篮球高手走出去，在海外赛区历练、提升。2017年，我代表黄金联赛和澳大利亚国家篮球联赛签署战略合作协议。合作协议规定：每年澳大利亚国家篮球联赛将派队参加黄金联赛精英赛，同时黄金联赛输送精英球员前往澳大利亚国家篮球联赛参与试训。

和美国三人制篮球职业联赛的合作，既确保了美国队每年参加黄金联赛精英赛，也为黄金联赛的中国球员能远赴圣弗朗西斯科参与美国三人制篮球职业联赛奠定了基础。2017年底，美国三人制篮球职业联赛总裁来新浪网访问，在了解黄金联赛3年发展后，向我提出了请新浪体育入股美国三人制篮球职业联赛的建议。美国三人制篮球职业联赛成立于2016年，这个由NBA退役球员组成的三人制篮球赛事在2018年代表美国参加了FIBA三人制篮球世界巡回赛，并摘得银牌。2018年8月，美国三人制篮球职业联赛组成10支球队在美国加利福尼亚州进行了第一届赛事，新浪体育派出了2017赛季黄金联赛冠军队参赛。在仔细研究了美国三人制篮球职业联赛的招股书后，我决定亲赴南加利福尼亚，一探究竟。

2018年初，我来到南加利福尼亚见到了美国三人制篮球职业联赛的创始团队。令我意外的是，其首席执行官、总裁、首席财务官都有好莱坞电影和娱乐行业背景，而美国三人制篮球职业联赛的组成和赛制就像三位的背景一样，充满了娱乐气息。凭着三年的办赛经验，我试图和他们交流赛制、参赛队招募、赞助金额等实质问题，这回，我又惊讶了。三位对竞赛的事情没有充分的考虑和计划，他们的重点都放在融资、对赌、权益分配上了。两天一夜的旅程很快结束，在太平洋万米高空上我不禁浮想联翩，新浪体育能办美国三人制篮球职业联赛这样的职业赛事联盟吗？

2018年的黄金联赛精英赛火爆异常。在高额奖金的召唤下，黄金联赛有能力邀请很多当时篮球协会都费力协调的资源。在亚洲，三人制篮球发展较快的是哪个国家？你猜猜，竟然是蒙古国。我在2017年看了很多蒙古国三人制篮球队的国际比赛视频，4名队员的平均身高接近2米，体重都在110公斤左右，个人技术很纯熟，团队合作有创新。从交球开始的空切跑位、轮转到攻篮，从底线发球战术到掩护空切再掩护，蒙古国队将三人制篮球战术发挥得淋漓尽致。我们邀请蒙古国队参加2018年的黄金联赛精英赛比赛，当时是蒙古国篮球协会主席带队参赛，我们之间的赛前对话尤具喜感。

问："为什么蒙古国的三人制篮球水平这么高？"

答:"我们蒙古国地广人稀,平时凑不出十个人打篮球,所以只能打三人制篮球了。"

这种保守成功秘诀的回答我心悦诚服。在黄金联赛精英赛赛场上,蒙古国队遇到了虽然打法相同,但体型非常有优势的来自塞尔维亚的立曼队(Liman)。他们平均身高比蒙古国队高10厘米,体重多10公斤,蒙古国队的进攻完全被塞尔维亚人抑制住了,最后惜败。

作为黄金联赛国际化的成果,2018年黄金联赛精英赛,除了吸引诺维萨德和立曼这两支豪门之师,还邀请了来自澳大利亚、美国、俄罗斯、韩国、日本、菲律宾、蒙古等国家的队伍参赛,几乎涵盖了全球三人制篮球的全部风格。

2018年黄金联赛精英赛圆满落幕后,我就延续了太平洋万米高空的遐想,开始规划由新浪体育领衔的亚洲三人制篮球职业联赛。当时计划在2019年黄金联赛精英赛前邀请各参赛俱乐部的老板、投资人到北京,商讨举办亚洲三人制篮球职业联赛事宜。2019年初,我们已经和韩国、日本的三人制篮球职业联赛开始了合作的邮件讨论,并提出了以下联赛建议:

亚洲三人制篮球职业联赛组成:日本6支球队、韩国6支球队、中国6支球队(台北、香港、澳门各1支,大陆/内地3支)

赛程赛制

2019年9—11月开展共计10个周末的比赛:

- 3个周末日本赛、3个周末韩国赛、3个周末中国赛、1个周末总决赛。
- 6 支队伍累计积分最高的国家，有承办总决赛优先权。
- 中国赛将分别在北京、香港和台北举行。
- 日本赛和韩国赛的举办城市由所在国联盟决定。

总决赛由每个国家积分前两名和这 6 支球队外积分最高的两支队，共计 8 支球队组成。2020 赛季向其他亚洲国家发放 4 张外卡，邀请 4 国球队参与，组成 12 支球队参赛。经过小组赛产生总决赛 8 支球队，再经过 2 天总决赛，决出冠军、亚军、季军。

费用和奖金

- 在每个国家举行的赛事由所在国联盟负责所有参赛队的差旅和食宿费用。
- 总决赛设 25 万美元总奖金。
- 冠军奖金 12 万美元，亚军 4.8 万美元，季军 2.4 万美元；其他总决赛参赛队每队 8 000 美元（4 万美元）；最有价值球员（MVP）个人奖金 1.8 万美元。

赛事股权结构

2019 年赛事初始估值 3 000 万美元。

股权结构和治理方案一：

- 中、日、韩的赛事运营方各占股 30%，共占股 90%，赛事管理团队占股 10%。

- 赛事管理团队拥有决策权。重大事项提请三方讨论，管理团队决策。
- 管理团队设董事长兼首席执行官 1 名，赛事副总裁 3 名，首席财务官、首席市场官各 1 名。董事长兼首席执行官任期 3 年，之后进行股东投票选举。
- 第一任董事长兼首席执行官由中国运营方担任。
- 营运方各自争取商业赞助，赛事运行前两年赛事赞助不分成（扣除执行成本）。
- 从第三年开始，赛事赞助获取方留存 20%，然后按照执行情况和赛事流量进行分配。
- 各赛事运营方可以自行融资，经三方同意，融资可以稀释融资方股权，但融资不稀释各方表决权。

股权结构和治理方案二：

- 中、日、韩的赛事运营方，和两家投资方作为亚洲三人制篮球职业联赛发起股东，两个投资方每年投入 300 万美元，3 年 900 万美元。各方占比为投资人共占股 20%，每家占股 10%；赛事运营方占股 25%；共占股 95%；赛事管理团队占股 5%。
- 三年中，如果各方同意有新投资人加入，可以共同稀释股份比，按新估值吸纳投资人。
- 赛事管理团队拥有决策权。重大事项提经三方讨论，管理团队决策。
- 管理团队设董事长兼首席执行官 1 名，赛事副总裁 3 名，首席财务官、首席市场官各 1 名。董事长兼首席执行官任期 3 年，之后进行股东投票选举。
- 第一任董事长兼首席执行官由中国运营方担任。

- 运营方各自争取商业赞助，赛事运行前两年赛事赞助不分成（扣除执行成本）。
- 从第三年开始，赛事赞助获取方留存 20%，然后按照执行情况和赛事流量进行分配。
- 各赛事运营方可以自行融资，经三方同意，融资可以稀释融资方股权，但融资不稀释各方表决权。

商业赞助

每个国家联盟各自争取在本国比赛的赞助，且本国赛赞助不与赛事总赞助商产生品类品牌冲突。

赛事总赞助：

- 冠名赞助商 500 万美元。
- 品类独家赞助商 100 万美元。
- 合作伙伴 20 万美元。

亚洲三人制篮球职业联赛和其他赛事一样，由于我的离开在 2019 年 10 月停下了脚步。2019 年的黄金联赛精英赛也未能按照年初的规划进行，甚是可惜。

自 2016 年初，我们一直和 FIBA 三人制篮球团队密切沟通，黄金联赛终于在 2016 年底获得 FIBA 官方认证并于 2017 年加入 FIBA 赛事公告。FIBA 官方认证意味着黄金联赛相关赛事可以贡献中国三人制篮球积分，影响中国三人制篮球在 FIBA 的国际排名。而黄金联赛也是最早获得 FIBA 认证的中国三人制篮球赛事。后来有同行问我，赛事获取 FIBA

官方认证难吗？其实很简单，登录 FIBA 官方网站，填报材料，然后给 FIBA 三人制篮球的联系邮箱发邮件就可以完成。

2019 年 2 月，我和李想拜访了 FIBA 瑞士总部，见到了 FIBA 三人制篮球发展总监亚历克斯·桑切斯（Alex Sanchez）和他的三人制篮球团队。我不禁惊诧，一支只有几个人的团队，就能影响三人制篮球事业的发展。但联想起篮球是欧洲大陆文明的产物，就释然了很多。在和亚历克斯团队的会议上，李想介绍了黄金联赛的历史、成长、规模，以及 2019 赛季计划。FIBA 从 2017 年开始将黄金联赛的赛程公布到 FIBA 官方网站上，全世界的篮球高手都能看到在中国举行的最高水平的三人制篮球赛事的情况。从 NBA 的发展历史我们不难看出，篮球这个源自欧洲大陆的体育项目在美国发展得更好，竞赛水平更高，商业化程度也远远领先于欧洲大陆。而三人制篮球作为从美国街头发展起来的运动，在耐克公司的大力赞助下，迅速风靡全球。而 FIBA 推进三人制篮球进入奥运会，可以说是扳回一局。而进入奥运会的三人制篮球迅速在欧洲大陆风靡，现在世界排名前三的三人制篮球球队都来自欧洲。我相信，如果中国的三人制篮球可以从参赛规模、竞赛水平以及商业化程度上领先世界，我们就将是三人制篮球的规则制定者和推动者。

2018 年亚洲体育行业大奖获奖之后，李想又下一城，黄金联赛总决赛视频版权被拜因体育买下，覆盖了 60% 的其在中东和东南亚的付费用户。接下来，黄金联赛的版权购买客户名单又增添了福克斯体育（Fox Sports）、ESPN 电视网等，覆盖超过 40 个国家的用户。黄金联赛的赛事版权收入第一次超过 200 万元。我们终于在 2018 年建立了一种黄金联赛的收入模型，尽管还有很多"待开发"收入，但这种收入模型已经为未来的赛事发展和商业化进程提供了一个切实可行、有机会达成的模式。

黄金联赛收入汇总：

- 赛事赞助收入。
- 赛事报名费收入。
- 赛事版权收入。
- 赛事合作伙伴加盟费收入（每家 50 万元未收取）。
- 赛事门票收入（赛区总决赛、全国总决赛、黄金联赛精英赛，待开发）。
- 赛事衍生品售卖收入（和赞助商合作开发的黄金联赛特许服装，待开发）。
- 运动员经纪收入（待开发）。
- 黄金主场租金（待开发）。
- 培训收入（待开发）。

黄金联赛从 2018 年开始，就帮助 22 个省（市、区）的 23 家合作伙伴盈利。通过在省内覆盖主要城市的比赛，黄金主场的建设和运营，使大部分合作伙伴已经可以实现篮球单项的盈利。在 2018 年黄金联赛合作伙伴大会上，我们象征性地和每个合作伙伴签订了 50 万元的授权费合同。真心希望在将来，黄金联赛的合作伙伴能赚钱，能有更多的合作伙伴，获得更多的授权费。

2019 年底，李想在我之后离开新浪体育，即将返回他的老家澳大利亚。我们在北京京广中心瑰丽（Rosewood）酒店见面，喝了践行酒。李想个子不高，一脸络腮胡子，一副和气生财的样子。和李想共事 5 年，我非常了解他的脾气秉性。李想喜欢各种运动，加上在 NBA 工作多年，尤其喜欢打篮球，他比赛时非常投入，一丝不苟。2019 年在我离职前，我们一群人打了一场"告别赛"。他硬是在赛场上追得我到处跑，处处防守，使我成为当天最有价值选手的愿望瞬间泡汤了。我曾经开玩笑说他篮球水平太差，给 NBA 中国丢脸，作为 NBA 中国曾经的版权合作律师，他对此一笑置之。李想最忌说他中文不行，尽管他对诗词歌赋一窍不通。但我有一次对他的中文水平开了玩笑，结果，我"悔不当初"。

一个人认真起来，简直是魔鬼。李想，再见啦。

第 19 章
用大众赛事经验经营职业化联赛

> 在对有简单结果而做的判断中,群体判断的平均水平,就是民主判断的结果,更值得信赖,就像让一村的人判断一头获胜公牛的体重。面对很难解答的问题时,专家的意见往往更准确,就像解一道代数题。而在没有固定结果的判断中,民主判断的结果往往成为噪声,就像如何做一个经营决策。
>
> ——摘编自《噪声》

2019 年底,在种种机缘巧合下,我选择离开新浪体育,加盟一家即将成立的新职业体育赛事运营公司(以下简称"新赛事公司")。当时介绍我参与这个中国顶级赛事 IP 的朋友说:"这是中国体育的珠穆朗玛峰呀。"的确不能拒绝。当时新赛事公司委托赛事著名俱乐部大老板筹建。经过推荐,我在 7 月的一个周末从北京飞到南方,面见了董事长和俱乐部负责人等几位,一起共进午餐,沟通很顺畅,我的很多关于赛事宣传、赞助商体系建设、转播权益开发等的思考,都符合大老板的预期。第二天我飞回北京,而聘书也在随后两天发到了我的私人邮箱。

> **黄金定理十** | 以上黄金定理通适大众赛事和职业赛事。

在加盟新赛事公司之前，也有装备制造企业、各种体量的体育公司找我，我都没有下定决心离开新浪体育，但能够参与一个运营新职业联赛的公司的筹建，为中国顶级职业联赛贡献力量，是一个体育人无法拒绝的诱惑。两个多月后，2019 年 10 月 15 日，我正式履职筹备中的新赛事公司。

而从 10 月 15 日开始的短短两个月时间，如横亘世纪一般。其间我规划了新赞助商体系，设计了新传播策略，尤其是以社交媒体、短视频为核心内容，基于微博、微信、哔哩哔哩、直播平台等的一系列传播计划；同时开始和联赛核心赞助商沟通下个赛季的赞助合同，拜访上海、厦门、泉州、深圳的潜在赞助商，梳理赛事赞助代理商体系，开始代理商招募、赞助品类划分等工作。我还拜访了广州、郑州、武汉、深圳、南京、北京等地的核心俱乐部。

然而，这家本该是令中国人倍感骄傲的新赛事公司，随着各种影响和问题的出现，最后无疾而终。2019 年最后两个月里，我把筹备期间的思考记录下来。今天，把新赛事公司的工作设想拿出来分享，算是了结，算是放下。

主要工作目标：
一、大幅增加项目关注和项目参与人口（尤其是 "90 后" "00 后"）。

人口漏斗：关注项目（看比赛、追球星）、项目粉丝（看球评球）、参与项目运动和热爱项目的人。

二、提升赞助商的商业回报。

赞助商 ROI 模型的建立和应用（1）。

赞助商品类和级别梳理（2）。

赛事个人会员体系建设（3）。

三、发展职业联赛的下级联赛，推广五人制项目，增加项目人口；开发国际交流赛，促进项目发展。

大幅增加项目关注度和项目参与人口

一、增加关注度的媒体策略。

1. 联赛比赛的版权分发策略（4）：和版权方沟通，增加版权内容播出平台：咪咕、优酷、头条/西瓜、爱奇艺；增加导流入口，快手、哔哩哔哩，抖音等青少年聚集的平台，以期提升赛事赛季 DAU、UV、PV、VV、访问时长和频次。

2. 联赛短视频分发策略（5）：导流入口＋短视频播放。提升联赛整体 DAU、UV、PV、VV。

3. 增加联赛非比赛的视频内容：每月两次俱乐部日常训练的媒体开放日；球队总经理、教练、队长、球员的赛后的媒体访问；支持地方电视台开设"赛事报道"栏目，由赛事公司提供非版权赛事的视频素材。

4. 联赛和俱乐部的社交资产建设（6）：面向全国招标"赛事社交媒体运营合作伙伴"，全面负责联赛和所有俱乐部的双微运营；抖音和快手的短视频运营；联赛直营和授权商城（京东，天猫的直营店；小红书、天猫、抖音、快手的授权店或产品橱窗），在积累成功经验后逐步接管各俱乐部商城的经营。

5. 组建赛事媒体俱乐部（7），组建广东、上海、北京、四川、江苏、山东、天津、吉林、河南、河北、深圳、重庆12省市的区域媒体俱乐部。媒体俱乐部面向电视台、电台、纸媒、互联网媒体、直播平台、知名自媒体。

俱乐部媒体的权利：受邀参加媒体开放日采访，受邀观看联赛在本地和邻近省份的比赛，受邀出席本地比赛的媒体会，受邀出席俱乐部在本地的各种活动；受邀参加本地俱乐部异地的比赛和媒体活动。形成赛事报道的分级、分层、分区域媒体矩阵。

6. 策划联赛和球迷的良性互动，和球迷俱乐部的深度沟通；成立网络化的俱乐部粉丝团（8）。

7. 建立赛事公司和各个俱乐部的公共关系和媒体总监制度，新闻发言人制度（9）和媒体合作规范（10）。

8. 赛事公司和领导者论坛（Leaders Forum）每年一次合作举办年度项目发展论坛（11）。支持各俱乐部和地方政府合作举办地方项目发展论坛，推动项目发展，提升社会关注。

9. 联赛的电竞之夜（12），和游戏开发授权企业合作，组织项目电竞比赛，优胜队伍到现场看球。

二、推选赛事推广大使 / 赛事之友（13）。

1. 利用明星效应、示范作用，让更多明星粉丝成为赛事粉丝，2020 年推选 20 名推广大使、200 名赛事之友。

2. 每场比赛，邀请推广大使和赛事之友到场看球，和球员互动。

3. 大力发展赛事之友，让联赛和社会各界增加联系和互动，增加传播内容。

4. 赛事公司和各个俱乐部合作举办每季度一次的"赛事之夜"，邀请球员、教练员、赞助商、媒体、联赛会员（抽签）、娱乐明星等参与。

三、赛事的群众基础建设：更多人踢球。

1. 和陕西省体育局合作，2020 年举办"我要上全运——五人制项目比赛"（14）。优胜球队获得参加全运会五人制公开组比赛资格。

2. 和 12 个省市的地方足协、办赛机构，合作开展"我要上赛事——五人制项目比赛"（15）。优胜球队受邀观看本地联赛比赛，和参赛球员互动，接受媒体专访。

3. 对现有五人制职业和业余赛事重新整合（16），赛程赛制升级，建立梯队。商业包装，传播升级，增加商业价值。

4. 推广五人制项目（17），合作推广英式挡板项目（18）。

4. 联赛电竞联赛：和腾讯（19）、阿里体育合作在全国开展项目电竞比赛（20）。

四、联赛的社会和公益价值建设（21）。

1. 在休赛期组织球员参加公益推广活动：青少年关爱项目；群众赛事支持项目；走进社区推广项目。吸引更多青少年关注项目。

2. 赛事公司组织各俱乐部开展在俱乐部所在城市的季度公益活动。

3. 赛事公司联合中华慈善总会组织运动员参与网络公益项目。

赛事的商业开发策略：提升赞助商商业回报

一、赞助企业的 ROI 体系。

1. 建立赞助商回报的线下和线上传播价值测算体系。

2. 线下曝光的价值测算。

3. 线上曝光的 PV-CPM 价值测算；视频节目和短视频的 VV-CPV 价值测算；直接销售导流的统计。

4. 其他商誉的计算。

二、赞助体系。

1. 冠名赞助商：使用和赛事的联合商标。

2. 顶级合作伙伴：拥有一个品类的指定排他权益；合作期限 3 年；开发赛事联合品牌的产品并在其全渠道销售。可以使用联赛商标。

3. 战略合作伙伴：合作期限不少于 3 年，开发联赛联合品牌产品并在其全渠道销售。可以使用联赛商标。

4. 合作伙伴：合作期限 1 年起。使用联赛合作伙伴特定文字和图案。

5. 供应商：提供联赛各种需要的产品，使用联赛供应商特定文字和图案。

6. 俱乐部赞助商。各个俱乐部除了已经开发的赞助商外，联赛公司也会帮助俱乐部开发其商业权益。开发方式为多个俱乐部的捆绑权益。俱乐部赞助商可以选择 2 家俱乐部作为其产品和服务的传播载体，联赛公司将另外匹配两家俱乐部，使赞助商的赞助俱乐部达到 4 家。俱乐部赞助商的赞助时间为 1 年，赞助商权益另行规定。

三、个人会员体系。

1. 升级付费"赛事年度会员"计划，开发多级会员权益：场地固定命名座席，可申请指定亲朋使用，不能售卖，受邀参与每场全体球员签名的纪念比赛用球抽奖，每年参与球员活动抽奖；到场观赛，抽签球员互动，参加媒体开放日，抽签获得球员签名，抽签参加每季度一次的"赛事之夜"。

2. 付费"赛事终身会员"计划：场地固定命名座席，可转让不能售卖，全部"赛事年度会员"权益，每年一次终身会员俱乐部访问权益。

两个月中从（1）到（21）的21份计划，近2万字的文档、几百页的幻灯片，见证了这两个月团队的努力和对职业体育赛事的热爱。这些思考，放在其他的职业体育赛事上，也会有借鉴的意义和价值。

如果说好的开始是成功的一半，好的计划就是成功的十分之一。项目计划不易，项目的执行更难。但对标北美四大联赛的商业化成功经验，职业赛事的商业化一定有机会实现。

第 20 章
职业联赛的代理和赞助商体系

> 对创业的狭义解释：创造新事物，或者创造新的行业，业务模式才叫创业。其他是开公司赚钱。
>
> ——摘编自《分享创造未来》

2019 年末，我有幸加入中国顶级职业联赛，并为该联赛设计了赛事商务开发合作伙伴体系（代理体系）和赞助商体系。和大众赛事赞助开发需要亲力亲为不同，职业联赛影响力巨大，商业价值极高，能服务海量品类和品牌，赞助金额高，开发的难度大，因而需要众多代理商来协助开发。建立合作伙伴体系就是为了能吸引足够的招商代理，细分赞助商领域，引导和管理赞助商开发，规范赞助商服务，避免恶性竞争损害赞助商利益。

合作伙伴体系建设的基本思想，一部分来自我任联想首席运营官时，学习和掌握的联想分销商体系建设逻辑；另外一部分来自我任联想首席市场官时选择公关代理和 4A 公司的经验。在联想集团工作 8 年，对联想的很多管理精髓和方法论都有了解，IT 领域和体育领域虽然内容迥异但逻辑相通。

代理体系建设

代理体系的建设需要注意 5 大关键点：

- 目的：吸引更多有客户基础、服务能力和开拓能力的商务代理，开发合作伙伴。
- 目标：4A 公司、有规模的广告投放和策略机构、重点客户代理商、电商机构、MCN 等。有能力长期服务客户，并拥有专职客户服务团队。
- 形式：经过审核的合作伙伴需要确定其商务开发行业、领域、客户，每家代理机构所涉及领域不超过 4 个。
- 代理费分为基础代理费和战略投入行业代理费两类。
- 鼓励相同领域、多家合作伙伴进行商务开发工作，同时给予优先报备商机的合作伙伴 90 天独家商务授权保护期。

合作伙伴报备商机必须符合以下条件：

- 清晰描述客户项目审批流程，包括发起节点、审批节点和实际决策人。
- 清晰描述项目资金来源、用途和使用要求。
- 报备商机达到赛事公司在该领域的最低客户投入标准。
- 描述客户 KPI 要求和核心诉求。

商机管理制度：

- 和每家商业开发合作伙伴进行月度电话会议。
- 季度商业开发回顾会议，设立季度目标等。
- 品类商务开发专项会。

品类独家代理权：

合作伙伴如果申请某品类独家代理权，须满足以下条件：

- 该品类没有第二家合作伙伴提出独家代理权要求。
- 每年最低商业赞助达到 1 000 万元，在品类独家代理协议签订之日起，30 天内支付 500 万元合作诚意金。
- 多家合作伙伴申请同一品类独家代理权，则由赛事公司选定两家，分别授予优先合作伙伴权利；每家合作伙伴在签订优先代理协议后 30 天之内，向赛事公司各支付 750 万元合作诚意金。
- 优先合作伙伴对同一品类的客户开发，在同等赞助级别情况下，按照合同签订时间，遵循先到先得原则，和赛事公司签订赞助合同。
- 独家和优先代理权期限 1 年。在与客户签订赞助合同后，在付款时按照付款条件和比例，分批扣除之前支付的合作诚意金。

2019 年现有赛事公司代理协议和新赛季合作伙伴需提供：

- 营业执照复印件。
- 公司介绍。
- 体育营销成功案例（千万级客户）。
- 两赛季重点客户涉及领域的名单。

赛事金矿　Fire the Game

赛季赞助体系

赞助体系共细分为 21 类领域，89 个品类（见表 20-1）。

赞助商级别和投入：

- 冠名赞助：独家冠名赞助商，10 亿元起。
- 顶级合作伙伴：领域独家 1.5 亿元起（鞋服除外）。
- 战略合作伙伴：品类有条件指名排他 0.8 亿元起。
- 合作伙伴：非排他 0.5 亿元起。
- 服务供应商：非排他 0.25 亿元起（0.1 亿元现金）。

表 20-1　领域和品类

领域	品类						
服装	运动鞋服	正装	皮鞋	旅行用品	奢侈品服装		
车辆	汽车	轮胎	车用润滑油	二手车服务			
出行服务	网约车和出租车	出租车辆服务	航空公司	旅行社	酒店	景区	票务服务
物流服务	物流	运输	快递服务				
餐食和烹饪	零食	快餐	食用油	烹饪产品	糕点和巧克力	连锁餐厅	送餐服务	生鲜食品
饮品	饮用水	碳酸饮料	功能饮料	牛奶和奶制品（含冰激凌）	咖啡	奶茶	茶叶
酒精饮品	啤酒	葡萄酒	白酒	洋酒			
家化、护肤、护发	日化产品	护肤品	洗发护发产品				
娱乐	院线和剧场	音乐产品	电影电视	KTV			

第 20 章　职业联赛的代理和赞助商体系

续表

领域	品类					
计时产品珠宝、奢侈品	计时产品	奢侈品腕表（单价1万美元以上）	珠宝	奢侈品		
3C 产品、黑白家电	手机	计算机	黑白家电	数码产品	厨房电器	
金融服务	金融机构	理财产品	互联网金融			
电信和互联网服务	电信运营商	互联网媒体	电子游戏	短视频平台	社交媒体	功能性App
彩票和竞猜	彩票	竞猜类服务				
家具和装修	家居连锁	涂漆涂料	寝具	装修	装饰	
医疗服务	综合医疗机构	牙科专科	高端体检服务	养老服务	药品	保健品
房地产	房地产开发	建筑服务	工程设备	房屋中介		
能源服务	电力服务	天然气服务	自来水服务	石油化工（车用润滑油除外）		
电子商务服务	互联网购物	直播平台				
商业机构和其他	大型商场卖场	购物中心	便利连锁	其他商超		
文具和办公用品	文具文房四宝	办公设备和家具	小五金产品	其他手工艺品		

时至今日，如果你知道中国有哪个赛事的赞助商体系、商务开发合作伙伴体系的考虑比上述的更周全，我请你喝酒。

217

结　语

体育赛事的未来

2022年春节过后,《赛事金矿》我已经完成了 8 万字左右,我开始把本书的一些章节发给体育领域的师友们征询意见。共鸣之外很多师友问:"对体育赛事的未来你怎么看?"

2019 年初,我还在新浪体育工作时接待过很多公司来访,其中不乏大地产商的高层主管。一家当时全国排名前十位的地产商的四位高管到访新浪网,我热情接待。原来这家大地产商计划进军体育产业,二代掌门人亲自带队和新浪网交流。在听完他们近一个小时的介绍和进军体育产业的计划后,我问了一样的:"对体育赛事的未来你怎么看?"

这家大地产商一直以开发住宅地产为主,生意很健康。在 2019 年进军体育产业,他们算是对体育产业后知后觉的。现在看来,后知后觉竟然比先发更有优势。在听了他们的计划后,我想了解这些计划和他们地产生意之间的关系，答案竟然是：

"没有关系呀！我们就是要做体育！"

我当时只是觉得蹊跷。在几年后的今天，尤其是本书写到 8 万字后，我也能"事后诸葛亮"了。离开体育行业两年多，我更能从一个旁观者的角度看待体育产业，看待体育产业的参与者。体育赛事是一门慢生意，要有较长的培育期和积累，才能使业务进入良性循环。而任何一家体育公司都应该清楚地知道自己的核心优势。

企业办体育，或者参与体育产业建设，应该发挥自身的资源优势，把体育做成核心业务的赋能者。只有赋能核心业务，才能让企业参与的体育项目可持续发展，让企业长期以体育回馈社会。

新浪体育赛事大获成功的原因是紧密地依靠新浪网、微博的资源，把线上流量的价值充分发掘出来，并根据新浪网的优势资源建立了一套赛事商业价值评估方法论。2018 年，我代表黄金联赛和新浪网销售人员一起去见客户。我们为客户提供了一份近 2 000 万元报价的提案。客户非常重视，请来了他们的广告代理——一家非常有名的 4A 公司一起把关。其实，我最爱 4A 公司了，他们讲逻辑、看数据、尊重方法论。对第五个赛季的黄金联赛我信心满满。果然，在我阐明赛事商业价值逻辑、提供前三个赛季（当时 2018 赛季还没结束）的数据和第五赛季的 KPI 后，4A 公司的人对黄金联赛给予了充分的支持。毕竟能拿出 4A 公司认可的数据的赛事，太难找了。

如果，黄金联赛不是依靠新浪平台，能有机会吗？在如何复制黄金联赛成功的章节里我和大家分享了天时、地利、人和。其他公司和平台，也有天时、地利、人和吗？

2015 年，我有幸和阿里体育一起工作过一段时间，当时就被阿里体育签下的众多国际赛事组织的权益惊呆了。必须承认，我没有能力在短短一年中和这么多单项协会签约，拿下在中国给各个单项组织办赛的权益。但很快，我注意到这些体育项目和阿里、淘宝、天猫完全无关。如果不能充分利用阿里的资源，依托阿里的资源做体育项目，这家公司就不该叫阿里体育。

2020 年初，我有机会和河南建业接触，沟通体育方面的合作机会。当时我还没有商业地产甚至任何地产方面的经验，但也在积极思考，如果有建业体育，它应该是什么样子。河南建业的发展策略是深耕老家河南，如果你是建业体育的负责人，就应该和地产公司一起，与各个地市的住建主管部门沟通，把建业住宅小区的绿化面积缩减一些，增设体育运动场地。河南地处北方，绿地的养护成本很高，而住宅地产项目都有绿化的硬指标要达成。如果能和相关主管部门取得共识，把一部分绿化面积变成体育项目用地，比如篮球场地、五人制足球场地，该多好。篮球场地硅 pu（一种硬质塑料）造价 60 元 / 平方米，建设和维护 5 年的综合成本低于绿化养护（100 元 / 平方米）。再增加一点儿场地运营面积，引入集装箱式的临时办公场地，搭建在篮球场和五人制足球场地周边，解决后期的运营、培训、比赛等各种需求。河南建业在河南有几百个项目，那么几百个运动场地、培训场地就有了，经营可以对内成为物业服务收入，也可以对外合作。

如果你是万达体育的负责人，如何利用好 400 多家万达广场就是你的必修课。黄金联赛和万达广场的合作我在前面介绍过。

如果你是 PP 体育的负责人，在苏宁最风光的时候，你要殚精竭虑地在线下利用好全国 16 家苏宁广场，1 400 多家苏宁电器的场地、租金优惠、到店送礼等优势开展赛事、培训相关业务；在线上利用好苏宁易购的补贴券、限时好礼、免运费等便利，推广线上内容，获取流量。

如果你是地方体育产业集团的负责人，获得政策支持是立命之本。2018 年底，我到北方一个省考察黄金联赛合作伙伴开展的社区体育中心项目。当晚，合作伙伴帮我约了省体育局副局长见面。副局长姗姗来迟且很不开心。一问才知，原来在下午的省长办公会上，副局长受到批评。"我省各个行业都取得进展，唯独体育产业，无论 GDP 贡献还是各项综合指标，都垫底！"以茶代酒，我和副局长说了我的看法：

> 从改革开放至今，中国的产业发展都得益于政策扶植。1984 年开始，如果你的企业是外商投资企业或中外合资企业，就能享受综合税收的'三免三减'（减半）政策，当时的综合税赋低。到了 1991 年，如果你的企业是高科技企业，又是"三免三减"。如果你碰巧做了一家卖计算机的合资企业，你就能享受六年免税、六年减半税收的政策红利。2008 年底的家电下乡，农民购买彩电、冰箱、洗衣机、手机、计算机等，按售价的 13% 给予补贴；2009 年汽车下乡，给予小排量汽车一次性财政补贴；然后是重点产业的扶持政策，比如 2012 年光伏产业补贴政策。还有从 1986 开始实行的贴息贷款政策，在电力、石油、交通、民航、煤炭、建材等行业项目上执行优惠的贷款利率，超过优惠利率的部分给予补贴。个别地区给予项目的奖励性贷款，贷

款即有奖励资金。请问这些助力产业腾飞的政策，哪个和体育相关？

副局长笑得很开心。我不知道他后来有没有和主管领导沟通，也无从考证那个省是否出台了体育产业政策。但是，产业发展的逻辑是相通的。今天的中国国力雄厚，支持哪个产业，弘扬哪项国策都不在话下。但桃李不言，下"不"成蹊。

从2015年开始，很多体育领域的"小白"投身体育，我钦佩他们的勇气，也感慨他们的任性。体育是门慢生意，需要雄厚的资源、清晰的策略和长期的投入。资金不充足，就要三思。而在各自领域已经有所建树的"独角兽""小巨人"们，投资体育的前提是，这门生意和主营业务之间要形成互补关系。

体育产业的发展还需要另外一个要素——人才。2015年当我开始体育职业生涯时，找不到可以借鉴的书籍，也找不到具备体育和商业知识、经验的人才。懂商业的人不懂体育，懂体育的人不会经营。分享黄金联赛的重要目的是，让有志进入体育产业的商业人才了解体育赛事，找到两者共同的逻辑和自信；让视体育为终身事业的体育人，明晰赛事的商业逻辑，用商业思维发展体育项目；让尚未进入体育产业的年轻人，看到体育项目的希望。

从2019年末开始，体育领域从制造业到体育培训都受到较大的影响，而体育赛事基本就偃旗息鼓了。大家只能守着网络、电视、手机打发时间。在国人健康受到疫情困扰的同时，如何增强人民体质，吸引人才进入体育行业，鼓励企业投资体育领域，共同发展体育产业，践行"健康中国"的国策？

体育产业的发展急需国家大政支持，从贷款、税收、人才等多方面释放强力政策，提振体育事业，建设健康中国。

届时，体育赛事必将迎来强势复苏。

未雨绸缪，只争朝夕。

附录 1

体育赛事商业化的十大黄金定理

黄金定理一　决定大众赛事品质的要素是 SFSPP。
黄金定理二　赛事覆盖广度和频次决定大众赛事影响力。
黄金定理三　赛事商业价值 =ATL+BTL+PM＝（CPMp·XK+CPMv·YK+LCR）
　　　　　　+（P·D·N）+PM
黄金定理四　合作伙伴的开发和赋能是控制赛事成本、打造持续竞争力的关键。
黄金定理五　掌握 U12 客源，就有和商超合作和获取资源的砝码。
黄金定理六　在商超举办的赛事都有机会获得赞助商的青睐。
黄金定理七　大众赛事可以借助国际大赛增加曝光度，从而获得赞助。
黄金定理八　小众高端赛事办赛目的是为俱乐部增加青少年付费会员。
黄金定理九　有助于青少年优先入学的赛事更有商业机会。
黄金定理十　以上黄金定理通适大众赛事和职业赛事。

附录 2

魏江雷的体育 + 商业书单

麦吉沃恩. 轻松主义 [M]. 范兆明，译. 北京：中国财政经济出版社，2022.

铃木敏文. 零售的哲学：7-Eleven 便利店创始人自述 [M]. 顾晓琳，译. 南京：江苏凤凰文艺出版社，2014.

殷智贤. 设计的修养 [M]. 北京：中信出版社，2019.

井上理. 任天堂哲学 [M]. 郑敏，译. 海口：南海出版公司，2018.

文霍斯特. 勒布朗·詹姆斯的商业帝国 [M]. 傅婧瑛，译. 广州：广东经济出版社，2021.

增田宗昭. 茑屋经营哲学 [M]. 袁小雅，译. 北京：中信出版社，2018.

戴森. 发明 [M]. 毛大庆，译. 北京：中国纺织出版社，2022.

詹金斯，帕斯特纳克，韦斯特. 极限挑战：一级方程式赛车的商业经验：第 3 版 [M]. 王雪莉，译. 北京：清华大学出版社，2019.

伯杰. 传染：塑造消费、心智、决策的隐秘力量 [M]. 李长龙，译. 北京：电子工业出版社，2017.

奥康奈尔. 极简主义 [M]. 廉凯, 译. 北京: 人民邮电出版社, 2014.

英格拉西亚. DTC 创造品牌奇迹 [M]. 汤文静, 译. 天津: 天津科学技术出版社, 2021.

派恩, 吉尔摩. 体验经济 [M]. 毕崇毅, 译. 北京: 机械工业出版社, 2012.

岸见一郎, 古贺史健. 被讨厌的勇气 [M]. 渠海霞, 译. 北京: 机械工业出版社, 2015.

伯杰. 催化 [M]. 王晋, 译. 北京: 电子工业出版社, 2021.

福格. 福格行为模型 [M]. 徐毅, 译. 天津: 天津科学技术出版社, 2021.

季琦. 创始人手记 [M]. 长沙: 湖南人民出版社, 2018.

张磊. 价值 [M]. 杭州: 浙江教育出版社, 2020.

韩庆峰. 轻有力: 用 90 后思维管理 90 后 [M]. 北京: 中国青年出版社, 2014.

卡尼曼, 西博尼, 桑斯坦. 噪声 [M]. 李纾, 等, 译. 杭州: 浙江教育出版社, 2021.

罗军. 分享创造未来 [M]. 北京: 中国科学技术出版社, 2021.

黄金联赛大事记

(懒熊体育提供)

3×3黄金联赛战火重燃，赛事规模翻倍打造娱乐跨界营销

2018-03-16　懒小熊

历经近5个月的等待，在中国具有较高影响力和商业价值的三人制篮球赛事——3×3黄金联赛将于本周回归，3月17—18日将在厦门华侨大学打响赛季首站比赛。今年的赛事将设立30个赛区，覆盖近70座城市，预计将有1.6万支球队、6.4万名民间篮球精英参与其中。

3×3黄金联赛战火重燃，赛事规模翻倍，打造娱乐跨界营销。进入第四赛季的3×3黄金联赛剑

指"全球最大"。

2018年3×3黄金联赛的主题定为"大有可为",本赛季赛事向下拓展了3×3黄金联赛升级赛,向上设立了3×3黄金联赛精英赛,不仅让广大篮球爱好者在家门口便能参与顶级赛事,更使得其中的精英球员有机会和全国乃至世界顶级高手过招,同时赛事设立200万元总奖金,在这片赛场上,广大篮球爱好者及参与者将大有可为。

3×3黄金联赛是新浪体育运营时间最长的自主IP赛事之一。2017年,赛事覆盖24座城市,吸引了超过6000支队伍,近2.5万名选手参与。而新赛季正是3×3黄金联赛向前再进一步的重要节点。

3×3黄金联赛战火重燃,赛事规模翻倍,打造娱乐跨界营销。2018年3×3黄金联赛首站将于3月17—18日在厦门举办。

2018年,3×3黄金联赛的规模翻倍,有赖于赛事运营模式的升级,将原有的各站比赛的概念拓展为赛区,在3×3黄金联赛大区赛基础上纵深设置3×3黄金联赛省级赛,向上设置3×3黄金联赛精英赛。以成都赛区为例,3×3黄金联赛省级赛将在四川范围内的10余座城市内率先展开,晋级队伍参与在成都举办的赛区决赛,并决出参加3×3黄金联赛精英赛名额,与其他赛区的冠军球队争夺年度总冠军。因此,新赛季赛事设立的30个赛区,将覆盖近70座城市。

3×3黄金联赛战火重燃,赛事规模翻倍,打造娱乐跨界营销。新赛季,3×3黄金联赛将开设30个赛区,预计覆盖70座城市。

值得一提的是,女子选手今年也将在3×3黄金联赛上拥有自己的专属赛程。

据了解,新赛季球迷可以在新浪体育、网易体育、优酷、企鹅直播等10余家平台观看赛事直播。

海马汽车成顶级战略合作伙伴,续约匹克体育开创"品效合一"合作模式。

过去三个赛季,3×3黄金联赛已经成为国内具有较高影响力和商业价值的三人制篮球赛事,也获得了众多商业品牌的认可。在第四赛季来临之际,3×3黄金联赛先后宣布:海马汽车签约成为3×3

黄金联赛顶级战略合作伙伴，成为赛事首个汽车品类赞助商；同时，3×3黄金联赛与匹克体育携手，达成长期战略合作协议。

在3×3篮球即将成为东京奥运会正式比赛项目和全民健身项目的大背景下，海马汽车赞助国内3×3篮球赛事，也打开了品牌在体育营销领域的新局面。2018赛季3×3黄金联赛总冠军将获得海马汽车大奖。此外，海马汽车还将与新浪体育共同开启全新玩法，在线下指定4S店和线上微博平台开展篮球主题活动。

3×3黄金联赛战火重燃，赛事规模翻倍，打造娱乐跨界营销。海马汽车签约成为3×3黄金联赛"顶级战略合作伙伴"。

匹克体育与3×3黄金联赛再度合作，继续成为赛事"首席战略合作伙伴"，并将以每年千万级投入持续支持赛事。匹克体育将与赛事主办方新浪体育一起，探索自主IP赛事商业模式的创新，为匹克体育量身打造定制合作方案。此外，双方还将通过赛事积累的参与者、粉丝、流量，为匹克体育线上商城与体育用品消费之间搭建快速通道。赛季期间，匹克体育还将准备专属礼品包，3×3黄金联赛的参与者及球迷可通过现场观赛、网络直播、社交平台互动等多种方式，在线上、线下领取礼券。

3×3黄金联赛战火重燃，赛事规模翻倍，打造娱乐跨界营销。匹克体育与3×3黄金联赛达成长期战略合作。

跨界营销再升级，打造赛事娱乐基因。

3月17日，3×3黄金联赛打响首站的同时，由爱奇艺出品、新浪微博联合出品的《热血街舞团》也将于当日晚8点首播。因为同属街头文化，3×3黄金联赛与《热血街舞团》也在本赛季正式达成深度合作，将以篮球和街舞的跨界内容进行全面整合营销，并通过微博等社交媒体平台共同打造"热血篮球季"互动话题。

3×3黄金联赛战火重燃，赛事规模翻倍打造娱乐跨界营销。3×3黄金联赛将携手《热血街舞团》共赴"热血篮球季"。

3×3篮球起源于街头篮球，

与同属街头文化的街舞血脉相连。3×3黄金联赛不仅为广大民间篮球爱好者提供竞技的平台，同时围绕赛场也搭建了包括街舞、啦啦队、斗牛、极限扣篮在内的一系列潮流文化平台，让更多年轻人施展自己。接下来，双方将围绕篮球、街舞打造更多的跨界内容。

据了解，进入第四赛季的3×3黄金联赛，将加深与微博的合作。

而作为爱奇艺的自制综艺节目，《热血街舞团》节目还未开播便已开始频繁登陆热搜。依托与《热血街舞团》的合作，3×3黄金联赛将以微博平台为载体，着力打造"热血篮球季"互动话题，经营年轻群体喜爱的跨界内容。与此同时主办方新浪体育还将依托自身平台，广泛开展与娱乐明星的跨界合作。

进入第四年的新浪3×3黄金联赛，除了规模翻倍，还有什么变化？

2018-04-03　　傅婧瑛

新浪体育自主赛事IP 3×3黄金联赛的2018赛季4月1日正式拉开帷幕。在揭幕战比赛中，"华南三加一"队加时战胜"第六区颜值"队，拿到了广州站冠军。在当天上午的揭幕战新闻发布会上，新浪体育宣布，与广东省篮球协会、广东广播电视台体育频道达成战略合作。

进入第四年的新浪3×3黄金联赛，除了规模翻倍，还有什么变化？

2015年创立的新浪篮球3×3黄金联赛，如今已经进入第四个赛季。新浪网高级副总裁、新浪体育总经理魏江雷在揭幕战新闻发布会上透露了几个数字。2018年的黄金联赛将扩大到30个赛区、70

座城市，将有1.6万支球队、超过6.4万名球员参加这项比赛。而2017年举办第三届比赛时，这几个数字只有24座城市、6 144支球队和24 576名球员。

与之前一年相比，3×3黄金联赛的规模在2018年翻了不止一倍。魏江雷告诉懒熊体育，规模层面如此程度的扩大，属于质的飞跃。他也为2018年的黄金联赛确定了两个目标：35亿的微博话题量和10亿次的视频播放量。而2017年这两个数字分别是14亿和2.4亿。

"在微博这个平台上，除了NBA，没有任何篮球赛事可以和我们相较。"魏江雷告诉懒熊体育。

随着赛事规模的扩大，赛事下沉到更多省会城市以外的小城市，这也是黄金联赛能够获得海马汽车赞助的原因之一。核心消费群体的重合，则是海马汽车选择黄金联赛的另一个原因。

"3×3黄金联赛球员的报名年龄是18～35岁，这个年龄段可以说和当前汽车主流品牌的核心消费人群的年龄段是非常吻合的。"海马汽车市场部部长浩潇潇表示，"希望以赛事作为平台，成为汽车品牌和年轻客户人群沟通的桥梁"。

拥有门户和微博这两个平台的新浪网，获取流量并不是一件很有难度的事。但新浪体育的自主赛事IP，仍然需要更多的传播手段，才有可能突破自身的传播天花板。

从这个角度出发，新浪体育不仅与国内的广东电视台体育频道达成协议，还与西班牙的Mediapro达成了未来五年3×3黄金联赛的海外开发协议。

Mediapro目前是西甲的全球独家媒体版权代理，这是一家在赛事版权分销方面颇有经验和建树的国际公司。魏江雷告诉懒熊体育，他也希望通过Mediapro，让黄金联赛在今年实现在泰国、菲律宾和越南这样的东南亚国家落地播出。除此之外，Mediapro还将帮助新浪体育在不同国家分销电视版权，同时代理黄金联赛的商业授权。

传统赛事的营利模式，无非是赞助收入与版权销售。尽管目前新浪体育更多地将3×3黄金联赛的版权交给诸如广东电视台、五星体育以及秒拍、花椒等各直播平台免费播放，但是与 Mediapro 的合作从某种程度上也表明，版权变现未来也有可能成为新浪自主赛事的营利方式。

毫无疑问，3×3 黄金联赛是商业赛事，自然需要按照商业的方式运营。但是 2018 年的一个主要变化，就是新浪体育开始考虑与地方政府及篮球协会进行合作。

进入第四年的新浪 3×3 黄金联赛，除了规模翻倍，还有什么变化？

魏江雷表示，黄金联赛符合全国 23 个省、自治区、直辖市的政府采购服务规范，他希望在今年争取获得 5 个省的政府资金支持。

"我们现在谈得比较多的是四川、山东、河南、陕西和福建这 5 个省。"魏江雷说，"我们希望更多省的体育部门能够了解我们的比赛，愿意给我们的比赛提供支持。"

与广东篮球协会的合作，可以说是新浪的一次试水。黄金联赛在今年的 10 个赛区开设了女子比赛，这也是来自篮球协会的要求。"我们希望未来和更多篮球协会，包括中国篮球协会，也能进行这样的合作。"魏江雷说。

任何商业联赛都无法摆脱盈利能力的话题。魏江雷将新浪体育的 3×3 黄金联赛和 5×5 足球联赛称为"规模效益型"赛事，今年进行到第三届的 5×5 足球联赛参赛人数也将达到 3.5 万人。除了篮球、足球这些大众项目外，新浪今年还会主办青少年冰球联赛、马术比赛和高山滑雪等众多比赛。而新浪所有自主 IP 赛事 2018 年的总参赛人数将达到 13 万人。

规模与关注度的扩大，才能让赛事拥有实现规模效益的可能。魏江雷表示，黄金联赛今年的收入目标是达到 2 000 万元。如果能获得政府资金支持，他希望总收入能突破 2 000 万元。不过他坦言，收入即便达到 2 000 万元，3×3 黄金联赛在这个赛季也很难实现盈利。

"去年时我们说希望今年能够盈利，但我们从去年的 24 座城市扩展到今年的 70 座城市，规模扩大的同时成本也在扩大。如果我们保持前一年的规模，那早就实现盈利了。"魏江雷表示。

新浪 3×3 黄金联赛：赛事要扎根城市，2019 年有望实现盈利

2018-09-20　庄坤潮

北京时间 2018 年 9 月 18 日，新浪体育在北京召开了 3×3 黄金联赛积分赛合作伙伴大会，正式向外界介绍了 3×3 黄金联赛积分赛。

本赛季，新浪体育在 3×3 黄金联赛基础上延伸出 3×3 黄金联赛省级赛，并在 10 个省份展开，取得了不错的效果。

明年是 3×3 黄金联赛的第五个赛季，他们也将正式推出积分赛赛制。新赛季的黄金联赛将由 3×3 黄金联赛精英赛、3×3 黄金联赛大区赛、3×3 黄金联赛省级赛和 3×3 黄金联赛积分赛组成。

根据赛制规划，积分赛将持续 6～9 个月。积分赛会在周末进行，各队每周最多能够选择 18～24 场比赛。如果按照打满 9 个月来推算，每个城市每周末将有 64 支队伍参赛，能够覆盖 2 304 队伍，共计 9 216 名队员。另外，下赛季的黄金联赛的目标是走进 150 座城市，所以参与 3×3 黄金联赛的人数预计将达到 10 万人以上。

新浪 3×3 黄金联赛：赛事要扎根城市，2019 年有望实现盈利。

对此，新浪网高级副总裁、新浪体育总经理魏江雷表示："积分赛能够让黄金联赛真正深入到一个城市、一个社区、深入到很多年轻人心里，他们每个周末都会有固定的时间打球，这能够将体育运动转变为生活习惯。"

除了介绍积分赛的相关内容之外，会议当天到场的 18 家省、自治区、特别行政区的赛事公司各支付了 50 万元的授权费，获得了下赛季举办 3×3 黄金联赛省级赛及积分赛的授权。3×3 黄金联赛以近乎零成本的方式，实现了赛事规模的扩大。

实际上，在本赛季的黄金联赛

赛事金矿　Fire the Game

开始前，新浪体育就曾宣布开启自主 IP 赛事的 2.0 模式。在新模式下，新浪体育不仅运营赛事，也会为一众赛事公司提供发挥的舞台。

对于承办公司，新浪体育会提供赛事指导、引入积分和人脸识别系统以及提供媒体推广曝光等帮助，实现赛事的数据化、可视化和社交化。

另外，会议当天，新浪体育总经理魏江雷也接受了包括懒熊体育在内的数家媒体的采访。在采访过程中，魏江雷详细地介绍了积分赛的具体内容、对于 3×3 黄金联赛的愿景和对合作伙伴的筛选等问题。

以下是专访的具体内容：

记者：请您介绍一下 3×3 黄金联赛最大的特点和积分赛的目的。

魏江雷：这个特点，第一是有一个我们的报名系统；第二是有一个对战的分配系统；第三是积分体系。这个体系还可以跟 FIBA 打通。积分赛 2019 年我们会申请 FIBA 认证。而且我们的积分赛可以让一个篮球爱好者在一个篮球圣地里边，无休止地投入自己喜欢的比赛，有裁判、医疗救护和保障，能够让这个比赛无忧地进行。我们正在引入一套人脸识别的系统，我们打球的时候，裁判会将一个视频设备放在篮球筐下面，你可以找到自己打球的视频。这是可视化。还有社交化，当你找到视频之后可以一键分享到微博上。

记者：随着赛事场地的完善，新浪对 3×3 黄金联赛有哪些新的愿景？随着赛事体系的逐渐扩大，新浪在运营方面有哪些新的挑战？

魏江雷：我们希望未来黄金联赛能够涉及所有大的城市，让每一个喜欢打篮球、愿意打篮球，或者看过我们的比赛，开始想玩篮球的人都有机会能参与这个比赛。

难点是今天在 30 个省会有比赛，而我们的团队有 10 个人。当这个比赛拓展到 150 个城市的时候，150 个城市除以 30 个周末，一个周末 5 场比赛，把人劈成八瓣儿也不够。因此，今天的合作伙伴会成为我们的授权合作伙伴，他们可以在自己所在的省举办黄金联赛的省级赛,能够按照监测中心的赛程赛事,按照我们的报名系统、积分体系,按照我们的裁判选拔的规定,去帮我们在当地落地省级赛。

记者: 第一个问题:请魏总分享一下四年下来有哪些成熟的经验。第二个问题:在接下来的积分联赛当中,会有哪些巨大的投入,能达到之前的双百亿流量?

魏江雷: 先说第一个问题。黄金联赛从2015年开始,当时我朴素的概念是说一个比赛,能够覆盖的城市越多,赛程赛事的时间越长,能够覆盖的参赛人数越多,这个比赛的价值越大。我们第一年在摸索,什么样的比赛更能体现竞赛特色。从2016年开始,我们就是专业的场地、专业的用球、包括专业的裁判体系。今天做比赛来说的话,往后走,发现我们的比赛是代表中国3×3最高水平的比赛,如何让这些球队能够提升更快?所以今年黄金联赛已经走到很多国家和地区,希望我们的球队能够有机会跟更高水平的人去交手。另外,我们慢慢还要请进来,让国内球员足不出户就能跟全球不同竞赛水平、不同战法的球队比赛,这个对推动中国3×3的竞赛水平是一个很大的帮助。

第二个是商业化的问题。今天在座的有10个新浪地方站的同事,未来他们会跟当地合作伙伴合作,获得地方上的资源。地方站既是媒体,又是我们的合作伙伴。同时,当我们深入到城市的时候,我们也会跟当地的主流媒体去配合做这个比赛,对这个比赛做出一些这方面的报道。

记者: 新浪从一开始就设定了这项赛事从2015年开始举办,要经过四五年,或者在一步一步实施的过程中看到可能盈利?

魏江雷: 2015年开始办比赛的时候,当时我认为3年可以盈利。2016年的时候,当时在公司内部开会,我说5年,这个比赛到2019年可以盈利。其实有一个规模的问题,如果2017年我们的规模跟2016年一样的话,算是盈利了;如果今年跟去年的规模一样的话,我已经盈利了。

2019年对黄金联赛会是很关键的一年,是商业化探索的一年,是区域拓展的一年，也是在区域里面长时间地生根、发芽、长大的关键一年。

记者： 我想了解，当这些合作伙伴支付了授权费以后，能从新浪体育得到什么样的支持？新浪体育在选择合作伙伴的时候，你们是以怎样的标准去衡量他是否有实力成为你们的合作伙伴？

魏江雷： 第一，我们今年选择的合作伙伴都是有盈利能力的。我们希望找到当地的合作伙伴，在当地有能力、有实力帮他办好。第二，我们希望给他一个盈利模式，2019年他就能赚钱。第三，寻找合作意愿很高、能力很强的合作伙伴，我们赛程赛事的比赛，包括我们比赛的宣传推广，以及这个比赛已有的商业价值跟商业的影响力，这个完全是可以盈利的。我希望明年我们的15个合作伙伴全部可以盈利。

记者： 我们在篮球这块有很多的可能性，从上到下覆盖了很多的城市和人群，网上还有职业联赛的链接，有更多城市参与进来之后，这么多的年轻篮球爱好者参与，我们在职业化上有哪些想法？

魏江雷： 现在精英联赛就是我们探索职业化联赛的一个关键步骤。对职业化的道路我们思考比较多，我们在2017年跟篮球协会沟通过，做过交流，跟姚明本人，跟3×3这个组我们都有过沟通。3×3黄金联赛能不能职业化还要看篮球协会。任何一个国家单独项目的职业联赛只有一个，3×3黄金联赛一定要在篮球协会的领导之下才可以，我们在这方面也在积极地做一些尝试，希望未来能够贡献一些我们的经验。

2018新浪3×3黄金联赛总决赛落幕，2019年期待突破

2018-10-10 庄坤潮

10月9日，2018年3×3黄金联赛总决赛正式落下帷幕。来自北京的No Who Who队和山东魏桥队分别夺得了男子组冠军和女子组冠军，其中No Who Who队更是成为赛事历史上首支蝉联冠军的球队。

而在总决赛当天，花树篮球偶像与篮球女神队共同奉献了一场高颜值篮球大战，还有娱乐明星也跨界助阵，这也体现了今年3×3黄金联赛的一大特点——注重体娱结合。

在总决赛开始前的专访中，新浪体育总经理魏江雷说道："我们应该用年轻人喜闻乐见的方式沟通，应该让更多的娱乐明星为体育助力宣传，让他们参与体育赛事的热情提高。娱乐的跨界是为了让一个体育IP能够更深入人心，让体育赛事赢得更多年轻人的关注。"

在这种策略的帮助下，今年新浪3×3黄金联赛的视频播放量达到了15亿次，话题量达到了30亿次。他们计划明年完成35亿次播放量和70亿次话题量的目标，把黄金联赛打造成一个"双百亿"的体育IP，从而吸引更多的赞助商，提升赛事的商业价值。

另外，在专访中，魏江雷也强调，2019年是黄金联赛突破的一年。而这个突破，除了依靠赛事规模的扩大和积分赛的落地之外，他们还希望得到更多地方政府的支持。

魏江雷认为"如果黄金联赛跟市政府、省政府达成协议，由他们出地方，建这样的比赛场地，我们把比赛落地。这个模式一旦做成，不光篮球，足球也好，任何项目都可以。这个模式的探索不仅为新浪的黄金联赛开拓了新的思路，还为

更多的赛事 IP 拥有者开辟了一个得到地方政府的支持的思路。"

除了注重体娱结合和期待突破之外，在总决赛开始之前的采访中，魏江雷也对本赛季的联赛进行了多方面的总结，并且对 2019 年的黄金联赛进行了展望。

以下是采访的具体内容：

记者：现在比赛进行了 7 个月，能不能总结一下这个赛季有什么亮点或者有什么样的闪光点让您特别有印象？

魏江雷：今年下半年开始在全国开展积分赛，有积分体系，有裁判，有医疗救护，还有安保、保险，在一个城市可以打 6—9 轮。经过 9 个月的积分赛，积分排名靠前的队伍，将直接进入省会城市最后的决赛。积分赛是横跨半年甚至 9 个月的比赛，真正能让 3×3 篮球这样一个赛事赛程的安排对城市产生非常深远的影响。

2018 年尝试用非常多的娱乐元素去推广体育赛事，文体不分家，中国年轻人更关注娱乐项目，很少参与体育项目，通过娱乐明星的影响力可以推广我们的赛事。今年有 120 位明星都在为 3×3 助力，希望关注他们的年轻粉丝也能够喜爱明星喜欢的运动，能够参与进来。

记者：您前面谈到 IP 的计划或者发展，我想问，专注在 3×3 黄金联赛这么一个 IP 上，未来它的商业价值会在哪里？现在它有一系列的重磅商家都在捧的赛事，那么未来会朝哪儿发展？

魏江雷：我们做了 15 亿次播放量，30 亿次话题量，明年计划 35 亿次播放量，70 亿次话题量，黄金联赛今年明年加起来会成为双百亿的体育 IP。当体育 IP 和娱乐的结合在传播力度和覆盖范围上可以媲美综艺节目的时候，这个 IP 才会具有像综艺节目一样的商业价值。大家知道的大部分体育 IP 都是经过半个世纪的积累才有今天。体育 IP 可以走 100 年甚至更长，一个娱乐 IP 很少能走过 10 年，这就是为什么很多品牌愿意在体育 IP 上投入的原因。中国人寿这么多年投了几十亿元在体育 IP 上，品牌愿意和积极向上的体育 IP 联合，前提是体育 IP 能给品牌带来足够的商业回报。

中国很多品牌都会考虑国际化，FoxBox覆盖亚洲26个地区，拥有更多的平台。随着FoxBox签约新浪体育，在播我们赛事的时候，也会给我们的赞助商更好的回报。

记者：是否能分享一下这一赛季3×3黄金联赛的盈利规模能够达到多少？相关阶段的目标是否已经完成？

魏江雷：过去四个赛季新浪网和微博总共在黄金联赛里面投入将近7 000万元现金，媒体资源超过15亿元。比赛在过去4年包括今年都不赚钱，2019年应该是黄金联赛第一个真正可能赚钱的赛季，原因非常多。当一个比赛从举办第一年9个城市483支球队参与，到2016年15个城市2 470支球队参与，去年25个城市6 400支球队，今年82个城市6.4万人参与，当达到一定规模的时候才能越过那个爆发点。2019年计划把黄金联赛在30个省（市、区）推广到150个城市，一项比赛在全国150个城市落地，能带来的商业价值和影响与品牌拉动是非常不一样的。

只有当一项比赛真正深入人心被青年人喜爱，同时被赞助商关注认可，有赞助商买单，进入盈利的情况，才会正向循环一直走下去。中国太需要群体赛事或者商业赛事能够盈利，太需要我们能够有一个模式，让更多的办赛者、更多IP的拥有者，了解它的盈利模式，能够让更多比赛赚钱。随着我们的体育IP的成长，我们一定有机会能够赶超娱乐综艺节目。中国年轻人多运动，少吃含激素的食物，少追明星，我们才是一个健康的国家。

记者：您刚才提到在国庆期间，很多文艺明星在为我们的黄金联赛助阵，今天也来了一些娱乐明星。您怎么看待黄金联赛的跨界营销？

魏江雷：过去的这几年里，中国年轻人对体育的关注度在逐年下降，大家不做体育不大了解。中国年轻人不关注体育赛事，这对一个国家而言是种悲哀。

娱乐综艺已经走在我们前面。电视台的节目在互联网播出，能在互联网上影响更多的年轻人，让年轻人的关注形成对品牌的价值回报。

赛事金矿　Fire the Game

我们的体育赛事有多少在考虑台网联动？有多少考虑过用电视台网络资源去推广自己的赛事？非常少。

新浪体育率先让为数不多的互联网资源帮我们推广比赛，更重要的是让这些年轻人所关注的明星能够关注我们的比赛。一个体育 IP 想要被关注，方式方法多种多样，我们应该用年轻人喜闻乐见的方式沟通，应该让更多的娱乐明星为体育助力，提高他们参与体育赛事的热情。娱乐的跨界是为了让一个体育 IP 能够更深入人心，让体育赛事赢得更多年轻人的关注。

记者： 从 2015 年到现在，黄金联赛赛事规模越来越大，参与的人群也多了，能不能分享一下有什么成功之道？成功运作的原理在新浪体育之后或者其他赛事中会有一些帮助或者体现吗？

魏江雷： 我今天开玩笑说，成功之道就是把所有该犯的错都犯了。第一年我们打比赛，我去了 4 个城市，最后实在走不下去，比赛太难看了。赛事安排、参赛队伍的水平、场地、服装，有太多问题。每次打完比赛之后我们都会坐下来复盘，什么地方有问题，什么地方做得好，什么地方可以继续，什么地方要改。把一个赛事运转的过程像打磨钻石一样细致琢磨。

成功之道谈不上，这个比赛叫好又叫座的时候才能叫成功，但是从中得到的经验教训非常重要。我们在很多场合分享过经验教训，包括比赛搭建设计、跟安保协调、跟当地政府的协调工作。过去 4 年我们把黄金联赛落地到从 9 个城市、25 个城市，到今年的 80 多个城市，把能犯的错误都犯了，吸取经验教训，逐渐成为一个非常好的比赛。不断面对自己的问题，不断把问题解决，把好的地方发挥发扬，才会让赛事走得远。

我作为一个体育人反思过，很多比赛干了 5 年 10 年，但是都一个样。10 年一个样不是好事情，对于年轻人和观众的吸引程度会下降。如果这 4 年都在看总决赛，会发现今年的总决赛跟前 3 年都不一样，我们要求每年的总决赛都跟之前的不一样。

记者： 您对这次总决赛的整体水平如何评价？新浪体育从媒体身

份到赛事机构身份这个过程中，对新浪体育来讲，有什么困难或者如何来解决这些困难？3×3黄金联赛在目前新浪体育的所有赛事里面处于什么位置？

魏江雷： 这个比赛越来越激烈，我们采访了很多没有进决赛的球队，大家都是统一的印象，今年的比赛太难打了。随着我们过去4年赛程赛制的完备，包括各个方面的调整，中国乃至世界最高水平的球队来打这个比赛，一定更精彩。

2015年我接管新浪体育，那时候新浪体育就是一个媒体，做图文报道，有流量就卖流量，做流量变现的生意。2015年随着国务院46号文件的颁布，很多不是干体育的人也闯进体育圈，希望能靠高价购买版权颠覆体育产业的格局，结果大家都看得到。

公司的愿景是让更多的中国人参与体育运动，不仅能看比赛，还能够身临其境真正参与比赛。黄金联赛是我们的第一个赛事，也是我们交的学费最多，是新浪体育里面发展最快、最好的赛事。随着比赛的进行，黄金联赛还是新浪网9个赛事里面投入最多、交学费最多、含金量最高的赛事。可以负责任地讲，比赛已经进入到第4年，如果黄金联赛能够进入到第10年，我们能够赚钱活到第10年，就一定会改变整个中国体育的格局，走出一条群众体育赛事代表中国最高竞技水平赛事的道路。这其中不仅有我们的努力，有媒体的推广，有赞助商的商业赞助，还有篮球协会的指导。黄金联赛能够走到今天，我们是幸运儿，背靠新浪，有新浪网有微博，有这么多的商业赞助，有篮球协会的支持，还有喜爱篮球的年轻人的支持。

记者： 黄金联赛经过4年的打造已经成为一个成功的IP。刚才您也说到，通过社会力量办赛事，您能谈谈黄金联赛落地很多城市，各地方政府对赛事的支持有哪些？赛事给各个城市在社会和经济方面有哪些带动和影响吗？

魏江雷： 对于黄金联赛还是要谦虚一点儿，我们还不是一个成功的赛事，成功的标准是叫好叫座还能赚钱，我们是比较热闹的赛事，来的人比较多。当地政府对这个比赛相当关注，我们在今年走过的82个城市中有将近40个城市是地方政府出钱支持办赛的。现在随着整个体育产业的推进，已经有27个省（区、市）出台了专项赛事扶持资金，办赛经费的1/3由政府出资，52个下级城市有超过60%都是政府出钱打比赛，但是政府不是出所有的钱，出的是1/3或者一半的钱，还有地方招商。

这些尝试包括这些拜访，能够形成的经验积累对整个体育产业是有深远意义的。如果黄金联赛跟市政府、省政府达成协议，由他们出地方，建设这样的比赛场地，我们把比赛落地，这个模式一旦形成，不只是篮球、足球，任何体育项目都可以。这个模式的探索不仅为新浪的黄金联赛开拓了新的思路，还为更多的赛事IP拥有者开辟了一个思路，如何得到地方政府的支持。刚才讲过，离开媒体，离开赞助商，离开办赛公司，离开政府，这个比赛就走不远了。

记者： 刚才说到当这个赛事办到第10年会有一个突破，您如何评价现在赛事目前发展到哪个层面？哪个阶段？

魏江雷： 到2019年就会有突破，不用10年，第5年就可以。当比赛做到2019年，落地150个城市，是量变到质变的过程，10年才有机会总结、出书、从课本里面去学习。我们经常讲"十年磨一剑"，实际上到2019年，这个比赛能赚钱，可以给黄金联赛贴上一个将要成功的赛事的标签。中国太多人需要这样的成功经验，我们的体育产业改革开放源自2014年10月国务院46号文件，在该文件出台之前，体育都是国家办赛。从2015年开始，才是真正的体育IP赛事建设的元年，很期待2019年黄金联赛能够叫好又叫座。

在此，鸣谢懒熊体育和韩牧先生的大力支持。——魏江雷

未来，属于终身学习者

我这辈子遇到的聪明人（来自各行各业的聪明人）没有不每天阅读的——没有，一个都没有。巴菲特读书之多，我读书之多，可能会让你感到吃惊。孩子们都笑话我。他们觉得我是一本长了两条腿的书。

——查理·芒格

互联网改变了信息连接的方式；指数型技术在迅速颠覆着现有的商业世界；人工智能已经开始抢占人类的工作岗位……

未来，到底需要什么样的人才？

改变命运唯一的策略是你要变成终身学习者。未来世界将不再需要单一的技能型人才，而是需要具备完善的知识结构、极强逻辑思考力和高感知力的复合型人才。优秀的人往往通过阅读建立足够强大的抽象思维能力，获得异于众人的思考和整合能力。未来，将属于终身学习者！而阅读必定和终身学习形影不离。

很多人读书，追求的是干货，寻求的是立刻行之有效的解决方案。其实这是一种留在舒适区的阅读方法。在这个充满不确定性的年代，答案不会简单地出现在书里，因为生活根本就没有标准确切的答案，你也不能期望过去的经验能解决未来的问题。

而真正的阅读，应该在书中与智者同行思考，借他们的视角看到世界的多元性，提出比答案更重要的好问题，在不确定的时代中领先起跑。

湛庐阅读App：与最聪明的人共同进化

有人常常把成本支出的焦点放在书价上，把读完一本书当作阅读的终结。其实不然。

时间是读者付出的最大阅读成本

怎么读是读者面临的最大阅读障碍

"读书破万卷"不仅仅在"万"，更重要的是在"破"！

现在，我们构建了全新的"**湛庐阅读**"App。它将成为你"破万卷"的新居所。在这里：

- 不用考虑读什么，你可以便捷找到纸书、电子书、有声书和各种声音产品；
- 你可以学会怎么读，你将发现集泛读、通读、精读于一体的阅读解决方案；
- 你会与作者、译者、专家、推荐人和阅读教练相遇，他们是优质思想的发源地；
- 你会与优秀的读者和终身学习者为伍，他们对阅读和学习有着持久的热情和源源不绝的内驱力。

下载湛庐阅读App，
坚持亲自阅读，
有声书、电子书、阅读服务，
一站获得。

本书阅读资料包
给你便捷、高效、全面的阅读体验

本书参考资料　　　　　　　　　　　　　　　　　湛庐独家策划

- ☑ **参考文献**
  为了环保、节约纸张，部分图书的参考文献以电子版方式提供

- ☑ **主题书单**
  编辑精心推荐的延伸阅读书单，助你开启主题式阅读

- ☑ **图片资料**
  提供部分图片的高清彩色原版大图，方便保存和分享

相关阅读服务　　　　　　　　　　　　　　　　　终身学习者必备

- ☑ **电子书**
  便捷、高效，方便检索，易于携带，随时更新

- ☑ **有声书**
  保护视力，随时随地，有温度、有情感地听本书

- ☑ **精读班**
  2~4周，最懂这本书的人带你读完、读懂、读透这本好书

- ☑ **课　程**
  课程权威专家给你开书单，带你快速浏览一个领域的知识概貌

- ☑ **讲　书**
  30分钟，大咖给你讲本书，让你挑书不费劲

湛庐编辑为你独家呈现
助你更好获得书里和书外的思想和智慧，请扫码查收！

（阅读资料包的内容因书而异，最终以湛庐阅读App页面为准）

图书在版编目（CIP）数据

赛事金矿 / 魏江雷著. -- 杭州：浙江教育出版社，2023.1
　　ISBN 978-7-5722-5018-7

Ⅰ. ①赛… Ⅱ. ①魏… Ⅲ. ①运动竞赛－体育产业－产业发展－研究－中国 Ⅳ. ①G812.2

中国版本图书馆CIP数据核字(2022)第240744号

上架指导：体育商业

版权所有，侵权必究
本书法律顾问　北京市盈科律师事务所　崔爽律师

赛事金矿
SAISHI JINKUANG

魏江雷　著

责任编辑：童炜炜
文字编辑：方　露
美术编辑：曾国兴
责任校对：汪　斌
责任印务：刘　建
封面设计：ablackcover.com
出版发行：浙江教育出版社（杭州市天目山路40号　电话：0571-85170300-80928）
印　　刷：天津中印联印务有限公司
开　　本：710mm×965mm 1/16　　　　　插　页：6
印　　张：17.25　　　　　　　　　　　 字　数：214千字
版　　次：2023年1月第1版　　　　　　 印　次：2023年1月第1次印刷
书　　号：ISBN 978-7-5722-5018-7　　　 定　价：89.90元

如发现印装质量问题，影响阅读，请致电010-56676359联系调换。